货运重载化下的
铁路编组站驼峰设计与调速控制

张红亮 著

人民交通出版社

北京

内 容 提 要

本书分为5章，包含国内外重载铁路发展概况、货运重载化下的铁路编组站驼峰设计相关参数研究、货运重载化下的铁路编组站驼峰优化设计研究、货运重载化下的驼峰调速控制优化研究、结语。本书重点分析了普速铁路重载化发展面临的驼峰设计与调速控制问题，研究了过峰车辆难行车选型与质量确定、驼峰设计气象数据精度及过峰车辆风阻力系数等设计参数问题，提出了驼峰头部及调车场纵断面设计优化、调速控制模型与算法。

本书可供铁路设计、驼峰控制及运营等专业工程技术人员学习参考，也可作为广大铁路爱好者了解编组站驼峰的参考书。

图书在版编目(CIP)数据

货运重载化下的铁路编组站驼峰设计与调速控制/张红亮著. —北京：人民交通出版社股份有限公司，2025.1. —ISBN 978-7-114-19737-6

Ⅰ.U294.1

中国国家版本馆 CIP 数据核字第 2024FU2951 号

Huoyun Zhongzaihua xia de Tielu Bianzuzhan Tuofeng Sheji yu Tiaosu Kongzhi

书　　名：	货运重载化下的铁路编组站驼峰设计与调速控制
著　作　者：	张红亮
责任编辑：	钱　堃
责任校对：	赵媛媛
责任印制：	刘高彤
出版发行：	人民交通出版社
地　　址：	(100011)北京市朝阳区安定门外外馆斜街3号
网　　址：	http://www.ccpcl.com.cn
销售电话：	(010)85285911
总　经　销：	人民交通出版社发行部
经　　销：	各地新华书店
印　　刷：	北京虎彩文化传播有限公司
开　　本：	720×960　1/16
印　　张：	12
字　　数：	215千
版　　次：	2025年1月　第1版
印　　次：	2025年1月　第1次印刷
书　　号：	ISBN 978-7-114-19737-6
定　　价：	79.00元

(有印刷、装订质量问题的图书，由本社负责调换)

PREFACE 前言

重载运输因其效率高、成本低、安全性好等优点得到广泛认可,并在世界各国迅速发展。我国铁路自20世纪80年代以来,通过线路改造、开行组合式重载列车、新建重载专线等多种方式发展了重载铁路,并一直在探索和研究既有线的重载化问题。

提高货车轴重是实现重载化的关键。我国铁路货车先后经历了20世纪中期的18 t轴重、20世纪70年代末的21t轴重、21世纪初的23t轴重货车发展阶段,但与美国的35t轴重、澳大利亚的40t轴重、俄罗斯的27t轴重货车相比仍存在一定差距。为此,我国自2012年起开始研究并推广27t轴重货车在既有线的应用。27t轴重货车具有车轮直径、总重和车体尺寸大等特性,其编组站过峰问题是影响既有线重载化发展的关键因素。

驼峰是铁路货物列车进行解体和编组作业的重要设备,对编组站的作业效率及作业安全性具有重要影响。近年来,在铁路货物运输重载化发展背景下,货车技术向大轴重、低自重的大型化方向发展。目前,关于重载化发展过程中,大轴重货车编组站驼峰解体作业适应性、调速控制等的研究较少。对于大轴重货车与既有货车混合应用下,编组站驼峰的纵断面优化设计、调速控制等问题的研究更是匮乏。

本书首先介绍了国内外重载铁路发展概况。其次,本书研究了货运重载化下的铁路编组站驼峰设计相关参数取值问题;针对驼峰设计难行车选型,提出难行车质量动态确定的方法;研究了驼峰设计气象数据精度问题,分析了不同气象数据精度对驼峰峰高设计的影响;应用Fluent软件对铁路货车驼峰溜放风阻力进行仿真建模,给出了风阻力系数取值建议。再次,本书探索了货运重载化下的铁路编组站驼峰设计优化问题,分析了货车大型化下编组站驼峰头部溜放部分与调车场连挂区纵断面设计存在的问题,分别构建了货车重载化下的驼峰头部纵断面优化设计模型和调车场纵断面优化设计模型,并通过仿真案例分析验证了模型的有效性。

最后,本书研究了货运重载化下的驼峰调速控制优化问题;在对比分析国内外铁路编组站驼峰调速控制的差异性及我国铁路编组站驼峰调速控制存在问题的基础上,分析了减速器对大轴重车辆制动的适应性,提出了货车重载化背景下的编组站驼峰头部溜放部分调速控制优化方法与基于动态连挂的驼峰目的制动出口定速控制方法。

货运重载化是世界铁路的发展趋势,提高货车轴重是实现货运重载化的重要途径。未来,在 27t 轴重货车与既有 21t、23t 轴重货车混合应用的背景下,编组站驼峰设计与调速控制问题将是我国普速铁路重载化发展面临的难题之一。希望本书能够为我国普速铁路重载化发展提供参考和借鉴。

本书在编写过程中得到了北京交通大学交通运输学院杨浩教授、丁勇副教授等人的帮助,在此一并表示感谢!

限于作者水平,书中难免有疏漏和不足,希望读者批评指正。

编　者
2024 年 2 月

CONTENTS | 目录

第1章　国内外重载铁路发展概况　/001

1.1　重载铁路基本概念　…………………………………………………… 001
1.2　国外重载铁路发展概况　……………………………………………… 010
1.3　我国重载铁路发展概况　……………………………………………… 019
1.4　本章小结　……………………………………………………………… 055
本章参考文献　………………………………………………………………… 055

第2章　货运重载化下的铁路编组站驼峰设计相关参数研究　/060

2.1　驼峰设计难行车选型研究　…………………………………………… 060
2.2　驼峰设计气象数据精度问题研究　…………………………………… 064
2.3　过峰车辆风阻力系数问题　…………………………………………… 071
2.4　本章小结　……………………………………………………………… 082
本章参考文献　………………………………………………………………… 082

第3章　货运重载化下的铁路编组站驼峰优化设计研究　/084

3.1　货运重载化下的驼峰纵断面设计优化问题分析　…………………… 084
3.2　货运重载化下的驼峰头部纵断面优化设计研究　…………………… 087
3.3　基于自动提钩的驼峰头部纵断面优化设计　………………………… 111
3.4　货运重载化下的驼峰调车场纵断面优化设计　……………………… 124
3.5　本章小结　……………………………………………………………… 130
本章参考文献　………………………………………………………………… 131

第 4 章 货运重载化下的驼峰调速控制优化研究 /133

4.1 货运重载化下的驼峰调速控制问题分析 …………………………… 133
4.2 货运重载化下的驼峰头部调速控制优化研究 …………………… 136
4.3 货运重载化下的驼峰调车场调速控制优化研究 ………………… 145
4.4 本章小结 …………………………………………………………… 178
本章参考文献 …………………………………………………………… 179

第 5 章 结语 /181

附图 /183

第1章　国内外重载铁路发展概况

本章介绍了重载铁路基本概念；列举了美国、加拿大、俄罗斯、澳大利亚、巴西和南非的重载铁路发展概况；重点分析了我国重载铁路发展概况，包含重载铁路重载化发展现状、普速铁路重载化发展现状、大轴重货车编组站驼峰溜放问题分析，以期为我国普速铁路重载化发展趋势下的驼峰设计与调速控制提供经验借鉴。

1.1　重载铁路基本概念

1.1.1　重载铁路技术标准

(1) 国际重载铁路技术标准。

重载铁路运输因其运能大、效率高、运输成本低、安全性好等优点而受到各国铁路的广泛重视，特别是在一些面积大、资源丰富、煤炭和矿石等大宗货物运量占较大比重的国家，发展尤为迅速。目前，几乎世界上所有铁路大国均采用重载运输。随着重载运输技术的进步，国际重载运输协会(IHHA)自1986年确定重载运输标准后，在1994年、2005年先后两次提高重载运输的标准。

①1986年10月第三届国际重载运输会议讨论决定，凡属重载铁路至少满足下列3个条件中的2个：a. 列车牵引质量至少达5000t；b. 货车轴重21t及以上；c. 年货运量2000万t及以上。

②1994年6月第五届国际重载协会年会对重载铁路的定义进行了修改，提出重载铁路至少满足以下3个条件中的2个：a. 列车牵引质量至少达5000t；b. 货车轴重达到或超过25t；c. 长度至少为150km的线路，年货运量不低于2000万t。

③在 2005 年国际重载协会理事会上,对新申请加入国际重载协会的重载铁路要求满足以下 3 条标准中的至少 2 条:a. 列车牵引质量不低于 8000t。b. 货车轴重达到 27t 及以上。c. 长度至少为 150km 的线路,年货运量不低于 4000 万 t。

(2)我国重载铁路技术标准。

我国重载铁路发展虽然起步较晚,但发展迅速。大秦线、朔黄线、瓦日线等重载铁路线路的运营,取得了较好的重载铁路发展成效。为规范重载铁路设计工作,国家铁路局于 2017 年颁布了《重载铁路设计规范》(TB 10625—2017),对重载铁路标准做了具体规定:满足列车牵引质量 8000t 及以上、轴重为 270kN 及以上、在至少 150km 线路区段上年运量大于 40Mt 三项条件中两项的铁路。

1.1.2 重载列车开行模式

目前,重载列车开行模式主要分为以下三种。

(1)重载单元列车。

重载单元列车是以固定的机车车辆(大功率机车和一定编成辆数的同一类型专用货车)组成一个运输单元,并以此为运营计费单位,在装车地和卸车地之间循环直达运输的列车。其特点是"五固定",即固定机车、车底、货种、装车站、卸车站,运行过程中不进行改编,按规定走行公里进行整列检修。

重载单元列车具有货物集中发送、装卸效率高、机车车辆周转快速等优势,可以大幅降低运输成本,经济效益较为显著;但要求货源充足稳定,品类单一,到发地点统一,设备能力充足等,有一定的局限性。目前,这种重载列车开行模式主要适用于路网规模大、行车密度小、货运量大且运能丰富的国家。我国大秦线上也有重载单元列车的开行。

(2)重载组合列车。

重载组合列车可分为两种类型:

第一种类型是由两列及以上同方向运行的普通货物列车首尾相接、合并组成的列车。机车分别挂于原各自普通货物列车头部,由最前方货物列车的机车担任本务机车,运行至前方某一技术站或终到站后,分解为普通货物列车。

第二种类型是由两列及以上同方向运行的重载单元列车首尾相接、合并组成的列车。根据需要,机车有不同的联挂方式。我国大秦线所开行的 2 万 t 重载列车就是采用这种组合形式。

相较于重载单元列车,重载组合列车的组合与分解均较为便捷,既可以在技术站进行解体编组,也可以直接在装车地和卸车地组织运输。但这种开行模式会增加技术站的组合与分解作业量,需要改造技术站的技术设备及到发线长度以满足重载列车作业需求,同时对机车操纵控制提出了更高要求,因此在世界范围内应用不太广泛。重载组合列车的应用场景是列车数量多、行车密度大、运能较为紧张的铁路线路。

(3)重载整列式列车。

重载整列式列车是采用普通列车的组织方法,由挂于列车头部的大功率单机或多机牵引,由不同类型和载重的货车混合编组,达到规定载重量的列车。其运输组织形式类似普通列车,包含到、解、集、编、发等技术作业过程。相较于重载单元列车,重载整列式列车的组织形式较为灵活,可在运输途中根据需要进行改编,具有较大的通用性。

1.1.3 驼峰

驼峰(hump)是重载铁路编组站的重要组成部分。

1)驼峰的概念、组成与分类

(1)驼峰的概念。

驼峰是指将调车场始端道岔区前的线路抬到一定高度,主要利用其高度和车辆自重,使车辆自动溜到调车线上,用来解体车列的一种调车设备。

(2)驼峰的组成。

驼峰的范围是指峰前到达场(不设峰前到达场时取牵出线)与调车场头部之间的部分线段(图1-1)。

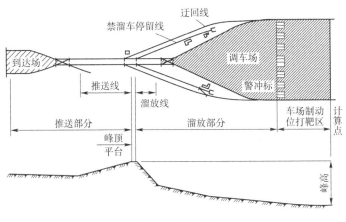

图1-1 驼峰示意

①推送部分(humping section)。

推送部分是指经由驼峰解体的车列,其第一钩位于峰顶平台始端时,车列全长所在的线路范围。其中,由到达场出口咽喉的最外方警冲标到峰顶平台始端的线路叫推送线。设置这一部分是为了使车辆达到必要的高度,并使车钩压紧,以便摘钩。

②溜放部分(rolling down section)。

溜放部分是指由峰顶(hump crest)(峰顶平台与溜放部分的变坡点)到调车场第一制动位入口或计算点(calculate point of hump)(调车场不设减速器制动位时)的线路范围。其中,从峰顶至第一分路道岔始端的一段线路叫溜放线(rolling track)。

③峰顶平台(platform of hump crest)。

峰顶平台(图1-2、图1-3)是指驼峰推送部分与溜放部分的连接部分,设有一段平坡地段。峰顶平台包括压钩坡(coupler compression grade)、加速坡(acceleration grade)和两条竖曲线的切线长。不包括竖曲线的切线长叫净平台。

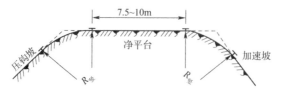

图 1-2　峰顶平台示意(一)

峰顶平台的用途是连接溜放部分和推送部分,防止解体作业中发生车辆断钩、脱钩,并保证不降低驼峰的实际高度等。峰顶净平台的长度 $l_\text{净}$ 一般采用 7.5～10m。压钩坡坡度较大时,峰顶平台长度也应采用较大值。峰顶净平台的长度应能满足溜车停留线在峰顶出道岔时设置的尖轨或辙叉的长度。

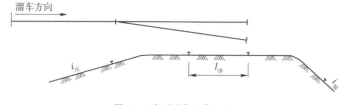

图 1-3　峰顶平台示意(二)

迂回线(around about line of hump)是将车列内不能通过驼峰或减速器的车辆绕过峰顶送往调车场的线路。

禁溜车停留线(no-humping car storage)是暂时存放解体作业过程中不能从驼峰溜放车辆的线路。

(3)驼峰的分类。

根据每昼夜解体的车辆数和相应的技术设备,调车驼峰可分为以下三类。

①大能力驼峰。

大能力驼峰日解体能力4000辆以上,应设30条及以上调车线和2条溜放线,应配有机车推峰速度自动控制系统、钩车溜放速度自动控制系统和溜放进路自动控制系统。

②中能力驼峰。

中能力驼峰日解体能力为2000~4000辆,应设17~29条调车线,宜设2条溜放线,应配有溜放进路自动控制系统,宜配有机车推峰速度自动控制系统和钩车溜放速度自动或半自动控制系统。

③小能力驼峰。

小能力驼峰日解体能力为2000辆以下,应设16条及以下调车线和1条溜放线,应配有溜放进路自动控制系统,宜配置机车信号和钩车溜放速度半自动控制系统,也可采用简易现代化或人工调速设备。

2)驼峰的调速设备

(1)驼峰调速设备的功能。

①间隔制动。

间隔制动(braking for interval)的作用是调控前后溜放车辆,保持必要的安全间隔,使道岔来得及转换,使减速器能及时转换其制动或缓解状态,以便车辆顺利通过溜放部分进入调车线。

②目的制动。

目的制动(objective braking)是调控车辆,使其能与调车线上停留车辆安全连挂或停在预定地点。

③调速制动。

调速制动(speed control braking)用于调整钩车的溜放速度,使车辆溜入道岔和减速器时不超过允许速度。

(2)驼峰调速设备的分类。

①按调速功能分。

a.减速设备。在钩车溜放过程中,减速设备用于消耗钩车的能量,使车辆减速,如钳夹式车辆减速器(retarder)、减速顶(retarder unit)等。

b. 加速设备。在钩车溜放过程中,加速设备给予钩车能量使其加速,如绳索牵引推送小车、加速顶(accelerator)等。

c. 加减速设备。加减速设备兼有加速和减速功能,如加减速顶等。

②按制动方式分。

a. 钳夹式车辆减速器。钳夹式车辆减速器借助车轮两侧制动夹板上的水平方向制动力对车轮施加压力而产生摩擦力,如 T·JK、T·JK2-A、T·JY2、T·JY3 型车辆减速器等。

b. 非钳夹式车辆减速器。非钳夹式车辆减速器的制动力或由减速器内部部件的摩擦产生,或由感应电流产生,或由其他方式产生。属于此类减速器的有橡胶轨式、液压减速单元(减速顶)、螺旋滚筒式、电磁式和减速小车等。

③钳夹式车辆减速器。

钳夹式车辆减速器按其制动力的来源,可分为外力式和重力式两种。钳夹式车辆减速器按动力系统又可以分为液压型、气动型和电机型(电动型)。

a. 外力式(非重力式)车辆减速器。

外力式车辆减速器以压缩空气为动力,通过压缩空气进入制动缸推动制动夹板对溜行车辆的轮对产生侧压力,使车辆减速。制动力的大小由压缩空气的压力决定,一般使用中分为四个等级,可对不同车辆施行制动。图1-4 为 T·JK 型车辆减速器的构造及动作示意图。

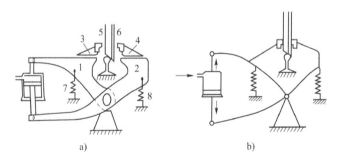

图1-4　T·JK 型车辆减速器构造及动作示意
1、2-钳形杠杆;3、4-制动梁;5、6-制动夹板;7、8-拉伸弹簧和压缩弹簧

b. 重力式车辆减速器。

重力式车辆减速器利用被制动车辆本身的重量,通过可浮动基本轨及制动钳,使安装在制动钳上的制动轨(制动夹板)对车轮两侧产生侧压力而进行制动。它的制动力与被制动车辆的重量成正比。按可浮动基本轨及制动夹板起落的动力不

同,重力式车辆减速器又可分为电动重力式、液压重力式、气动重力式、液压和气动两用重力式车辆减速器。图1-5为T·JY2型车辆减速器的构造及动作示意图。

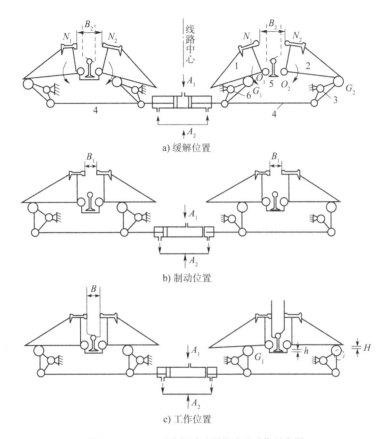

图1-5 T·JY2型车辆减速器构造及动作示意图

1、2-制动钳;3、6-内外曲拐;4-连杆;5-钢轨承座;A_1、A_2-入油口和出油口;G_1、G_2-交点;N_1、N_2-制动轨;O_1、O_2-钢轨承座的连轴

④非钳夹式车辆调速设备。

a. 减速设备。

减速顶。减速顶(液压减速单元)源于英国,是一种无需外部能源,无需外部控制,可简单易行地实现对车辆溜放速度自动控制的设备。其优点是灵敏度高,性能良好,维修简便。不同类型的减速顶有不同的临界速度。当车辆溜放速度低于减速顶的临界速度时,减速顶对车辆不起减速作用。当车辆的溜放速度高于减速顶的临界速度时,减速顶对车辆起减速作用。安装在钢轨内侧的减速顶为内侧顶,

安装在钢轨外侧的为外侧顶。T·DJ型减速顶的结构如图1-6所示。T·DJ型减速顶的主要技术参数如下：临界速度为0~5m/s；最高限制速度为25km/h；制动功（最小轮重1.625t）为0.1~0.135t·m/每轮次；工作环境温度为-40℃~+45℃。

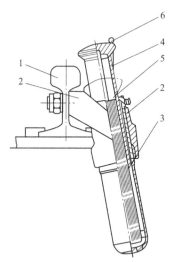

图1-6 T·DJ型减速顶的结构
1-钢轨；2-轨腰支撑装置；3-带滑动套的导向缸体；4-顶帽管；5-减速装置；6-止推销

可控减速顶。在普通减速顶构造的基础上安装一个控制装置就成了可控减速顶。通过控制装置，可控减速顶可以保持普通减速顶的工作状态，也可以锁闭减速顶，使其保持非工作状态，对车辆的溜行不起减速作用。根据调车作业的需要，可以随机地控制减速顶，令其对溜行中的车辆起减速作用或不起减速作用。可控减速顶的优点是调速灵活性强。其不足之处是需要外部控制，需要在调车场内铺设电缆，与每个可控顶相连接。这既会增加工程投资，又会对工务维修带来不利影响。

此外，还有单向减速顶、双临界速度减速顶等。

b. 加速设备。

绳索牵引推送小车。绳索牵引推送小车是调车场内推送车辆用的一种加速设备，由绳索牵引沿调车线往返走行，以安全连挂速度推送钩车使其与调车线上的停留车安全连挂。

图1-7为绳索牵引推送小车结构示意图。推送小车沿钢轨内侧轨底走行。推送小车两侧各有一个能上、下运动的推送臂，用来推送车辆的轮缘。推送小车向推送方向走行时，推送臂抬起，保持在推送位置。当钩车的速度高于小车的速度，从

后面追越推送小车时,推送小车的推送臂落下。推送小车返回时,推送臂落下并锁闭。回到起始位置时,推送小车处于死锁闭状态,以保证调车作业的安全。推送小车的各种运动状态由控制台上的停机、返回、推送、追车等按钮控制。

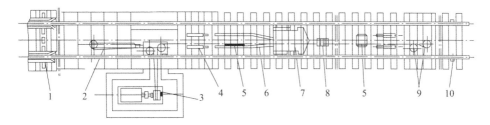

图1-7 绳索牵引推送小车结构示意

1-减速器;2-绳索张紧机构;3-油马达绞盘传动装置;4-停车止挡;5-限位开关;6-锁闭导轨;7-推送小车;8-钢丝绳托轮;9-返回滑轮;10-踏板

加速顶。加速顶的主要功能是为溜行不到位的车辆加速,推动车辆前进,使其溜行到指定地点。T·DJ加速顶由加速顶缸体和气控阀两部分组成,其结构及动作原理如图1-8所示。

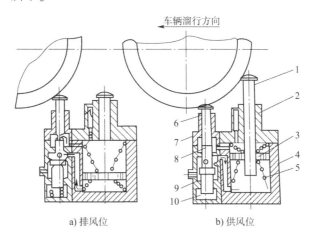

图1-8 T·DJ加速顶结构及动作原理

1-加速顶;2-缸盖;3-活塞;4-缸体;5-加速缸;6-速度阀;7-阀盖;8-活塞杆;9-阀体;10-弹簧

c. 加减速设备。

可锁闭式加减速顶是一种加减速设备,由可锁闭式减速顶、压缩空气控制阀和加速顶三部分组成。可锁闭式减速顶布置在前面,加速顶布置在后面。当车辆的速度低于临界速度时,减速顶不起作用。当车辆的速度高于临界速度时,加速顶不起作用,减速顶起减速作用。因此,加减速顶根据车辆溜行速度是低于还是高于临界速度,给溜行车辆以加速力或减速力,从而达到调节车辆溜行速度的目的。

1.2 国外重载铁路发展概况

1.2.1 美国重载铁路发展概况

1)总体情况

1958年,美国南太平洋铁路公司开行的世界首列重载单元列车由85辆矿石车组成,总重为11700t,载重为7600t,从矿区直达钢厂循环运输。1967年,诺福克南方铁路公司开行了由6台机车和500辆运煤货车编组的重载列车,牵引质量为当时最大的44066t,列车长度为6500m。截至2010年,美国铁路里程为23万km,开展重载运输的线路约19.4万km。

(1)货物品类与组织形式。

美国铁路的大宗货物重载运输以煤炭为主,主要运输的货物品类包括煤炭、矿石、化工材料、农副产品、木材等,其中煤炭运量占铁路全部货运量的45%,占美国煤炭运量的65%,提供美国50%电力。1981年,美国南太平洋铁路公司首次将双层集装箱投入运营。20世纪90年代,双层集装箱运输在美国发展迅速。到2015年前后,美国重载双层集装箱的运量占集装箱总运量的70%。自20世纪60年代美国提出单元式重载运输模式起,在不到10年的时间内,美国的单元式重载线路从0条增长至293条,运量占到当时美国铁路全年运量的30%左右。目前,单元式重载运输已成为美国重载运输最主要的形式,美国铁路重载运输约95%的货物运量是利用单元式重载运输完成的。

(2)牵引质量。

美国普通编组货物列车的牵引质量为15000~17500t,列车编组100~150辆;运煤专列牵引质量为17500~20000t,列车编组135~150辆,运行速度为80~96km/h;双层集装箱列车的运行速度最高可达120km/h。

(3)货车轴重。

美国重载列车的发展方向是提高轴重、减轻自重。美国于1960年开始发展29.8t轴重货车,引进轴重约为29.8t、有效载重量约为100t的"263车";

1988年，启动了大轴重研究项目，研究重载列车的合理轴重并追求利润最大化；1990年开始生产32.43t轴重货车；2004年则研制了轴重35.7t的运煤敞车和双层集装箱车；2014年在普韦布洛试验线进行了40t和45t轴重货车的运行试验。

目前，美国重载列车轴重多为29.8~32.43t、载重90~110t，部分货车轴重35.7t、载重120t，轴重在30t以上的货车占货车总数的65%。据统计，在1980—2000年，美国通过不断提高货车轴重，使2000年与1980年相比，车辆平均载重增加了15.1%，铁路运输市场占有率从35%增长到41%，运营成本下降60%，线路维修成本下降42%。

2）美国重载铁路编组站发展概况

(1) 编组站数量与布局。

在美国铁路建设初期，由于整个国家铁路网的快速发展和运营里程的不断提高，编组站的数量随之快速增长。在20世纪50年代以前，美国编组站数量约1200座，但大部分编组站的特点是改编作业量较小。改编作业量大的编组站（每昼夜办理1000辆车以上）约为350座，不足30%。为进一步提高铁路运营利润，美国对编组站的建设和改造采取了一系列措施，将主要的调车作业集中在少数技术设备先进、改编能力大的现代化编组站上，从而减少编组站数量，以达到加快机车车辆周转、减少车站员工、降低运输成本、获取更大利润的目的。在此背景下，重载铁路编组站应运而生。截至目前，全美共有60多个重载铁路编组站，平均办理量为4000~6000车/天。

在20世纪50年代以前，美国90%左右的编组站分布在东部地区，且该地区编组站之间的距离均不超过200km。在工业相对不发达的西部地区，不少铁路线路每500km以上才有一处编组站。随着铁路资本的进一步集中与编组站数量的优化，美国铁路开始研究由几家铁路公司经营改成由一家铁路公司经营管辖范围内的编组站的布局问题。

(2) 编组站布置图型。

20世纪40年代以前，美国改编作业量每昼夜超过6000辆（四轴车）或8000辆（二轴车）的编组站，一般均采用设有两套独立调车系统的双向布置图型，包括双向二级四场以及双向三级六场。随着列车解体和编组设备的现代化、自动化，改编能力的大幅提高，设有一套调车系统的单向编组站，每昼夜就能完成8000~10000辆、最高可达16000辆的改编作业量。同时，编组站设备的现代化要求相同的作业设备尽可能集中。因此，单向布置图型逐步成为美国新建和改建编组站的发展方向。美国铁路协会提出,如单向驼峰编组站的解编作业量大大超出双股推送线及单股溜放线的驼峰解编能力,就需增设第二溜放线,或过渡为双向编组站。

(3)编组站综合自动化。

自20世纪70年代以来,国外铁路编组站的发展方向转化为将编组站管理信息系统与过程控制系统进行有机集合,逐步实现作业管理与控制的一体化、自动化。美国铁路由各铁路公司运营管理,车站的运输信息系统由所在公司集中管理,接发列车实现了区域的调度集中。大部分车站不进行调车作业,调车作业集中到编组站进行。编组站进行调车作业时,列车调度员将命令通过信息系统传达至车站控制终端;机车通过无线网络接收调度命令,进行挂车、排列等作业。在作业人员方面,调车区长和驼峰值班员的工作由一人承担,通过运输信息系统编制调车作业计划并送至联锁和驼峰系统进行执行;编尾调车组一般设两组,每组由两人组成,一人负责安排进路和遥控机车,另一人负责进行摘挂作业。

美国编组站的综合自动化系统可将编组站作业计划与布置、模拟仿真、过程控制、流程分析等通过网络与数据库连接成整体,实现计划动态调整、调度指挥自动化、资源配置优化,提高了车站的改编作业效率。

3)美国重载铁路编组站驼峰设计与调速控制发展概况。

(1)美国编组站驼峰发展情况。

1876年,德国建成全世界第一个简易驼峰后,1883年,美国建成第一个简易驼峰;1924年,美国铁路开始使用减速器作为驼峰溜放车辆的制动工具,并建成了世界第一座机械化驼峰。20世纪40年代后期,美国铁路已拥有55个具有机械化驼峰的编组站。美国于1941年开始进行自动化驼峰的研究工作,并于1948年建成世界上第一个半自动化驼峰;1952年,建成第一个用模拟电子计算机控制车辆溜放速度的自动化驼峰;1956年,建成第一个用数字计算机控制车辆溜放的自动化驼峰。20世纪90年代,美国铁路自动化驼峰的数量达到顶峰。

(2)美国编组站驼峰设计现状。

①驼峰平面设计。

驼峰咽喉区的平面设计对驼峰解体能力有很大影响。为保证从峰上溜往不同股道的车辆迅速分开,要求尽可能缩短咽喉区长度。为此,世界各国从道岔类型、溜放线设置、线束布置、减速器制动位设置等方面进行驼峰平面设计。

美国铁路协会对驼峰平面设计提出了如下要求与规定:

a.到达场到峰顶应有足够长度,以确保需要时为注油坑、检车坑(对于内燃调机)以及危险品停放线(禁溜线)、机车走行线等出岔留出余地。

b. 从到达场到峰顶应设置两条推送线,以便利用两台调机不间断地进行推峰解体作业。

c. 驼峰咽喉区的线路应分成线束联结。各线束的第一道岔到最远计算点的距离应最短。各线束的连接线要求较短,并应在各线束前留出安装减速器的位置。为了使驼峰咽喉区距离尽可能短,可采用三开道岔、短道岔、曲线道岔。

d. 减速器安装的位置与数量取决于线束的数量和减速器的类型。每一制动位的减速器数量与长度取决于驼峰的高度和车辆溜放的速度。

e. 为了确保道岔安全转换,前溜车辆的后端与后溜车辆的前端之间距离应不少于保护这个道岔的轨道电路长度。轨道电路的长度,通常规定为 55~58ft (16.7~17.6m)。内轴距大于轨道电路长度的车辆通过驼峰时,需要进行特殊处理。

在道岔类型方面,为尽可能缩短咽喉区长度,美国铁路在设计驼峰咽喉区时广泛采用 1/8 号单开、双开对称和三开不对称道岔。其中 1/8 号三开不对称道岔由 1/8 和 1/10 两组单开道岔组成,前者全长 23.74m,道岔角度 $5°43'29''$,导曲线半径 150m,曲尖轨长 5.944m,曲度 $1°59'45''$;后者全长 58.686m,道岔 $7°09'10''$,导曲线半径 168m,曲尖轨长 3.962m,曲度 $2°54'$。

②驼峰峰高计算。

美国对驼峰峰高的界定是峰顶与调车线计算点的高差。美国铁路驼峰峰高可按下列公式计算:

$$H = S_1 R_{1h} + S_2 R_{2h} + \Delta_1 C_h + SW_2 - VH_0 \tag{1-1}$$

$$H_1 = H - H_2 \tag{1-2}$$

$$H_2 = S_1 R_{1e} + S_2 R_{2e} + \Delta_2 C_e + SW_2 + \alpha \tag{1-3}$$

式中:H——峰高,ft;

H_1——峰顶至分减速器出口处的高差,ft;

H_2——分减速器出口至调车线计算点的高差,ft;

S_1、S_2——峰顶至分减速器出口处和分减速器出口处至调车线计算点间的距离,ft;

R_{1h}、R_{2h}——峰顶至分减速器出口处和分减速器出口处至调车线计算点间的难行车溜放直线阻力和空气阻力,N/kN;

R_{1e}、R_{2e}——与上述距离相对应的易行车溜放直线阻力和空气阻力,kg/t;

C_h、C_e——难行车和易行车通过每一度(转角)曲线的附加阻力,kg/t;

Δ_1、Δ_2——峰顶至调车线计算点和减速器出口处至调车线计算点间的曲线总转角度数,(°);

SW_2——分减速器以后的道岔附加阻力,kg/t;

VH_0——推峰解体速度能高,ft;

α——易行车在调车线计算点的速度能高与在分减速器出口处的速度能高之差,车辆加速为"+"值,车辆减速为"-"值,ft。

③驼峰及调车场纵断面设计。

美国铁路驼峰、调车场纵断面设计有如下特点:

a. 峰高较高,计算点根据需要确定。一般均能保证难行车在困难溜放条件下溜放至车场中部及以远位置。峰高通常为 4~5m,6~7m 的也不少,个别可达 8.53m。

b. 驼峰推送坡较陡,坡度一般在 20‰左右,部分为 30‰(坡长 60m 左右)。

c. 驼峰溜放部分的坡度也较大,平均坡度达到 16‰。该部分通常按三段坡设计,加速坡采用 40‰~50‰、中间坡采用 8‰~15‰、道岔区坡采用 1.5‰~2‰的坡度。此外,许多自动化驼峰由于设置测重设备的需要,在加速坡前均设一段坡度为 30‰的坡段。

d. 调车线的坡度方面,一般面向调车场尾部的连续下坡的坡段坡度为 1.5‰~2‰。

美国铁路协会提出的驼峰道岔区和调车场纵断面的设计与计算方法如下:

a. 按调车线分别计算确定道岔区的坡度。因为每股调车线连接的曲线都不同,需要分别计算确定曲线补偿量。各股调车线的道岔区坡度,由 H_2 的落差来确定。为了使溜放车辆在分减速器后提供较一致的溜放条件,可利用车场横断面来调整各股调车线道岔区的坡度。

b. 当按一个线束来计算确定道岔区坡度时,对于曲度最大的线路,应用 H 来计算确定,对于曲度最小的线路,应用 H_2 来计算确定。此时,有较大曲线的分减速器要有较高的出口速度。

c. 对于空、重车辆都有的调车场,分减速器以后的坡度必须满足易行车不加速的要求。除非这种车辆很少,才可考虑采用较大的坡度。

d. 调车线的坡度可按 8‰设计,设计时也可根据实际情况调整。如调车线内有曲线,设计坡度时应考虑曲线补偿量,除非这些曲线不致造成车辆减速。

e. 调车线终端应设置一段反坡,它的高度应不低于使 6.4km/h 的车辆能够停住的要求。

f. 减速器制动能高应按下式计算:
$$VH_{H+G} = H_1 + VH_0 - S_1 R_{1e} - \Delta_1 C_e \tag{1-4}$$

式中：VH_{H+G}——减速器制动能高,ft；

Δ_1——峰顶至分减速器出口处的曲线和角度之和,(°)；

其余符号含义与式(1-1)、式(1-2)、式(1-3)相同。

(3) 美国编组站驼峰调速控制现状。

①驼峰调速控制方案。

美国铁路重载运输的车辆自重和载重均比较大,且采用滚动轴承的轮对,其溜放距离较短,安全连挂速度较高(一般可达 9.6km/h),因此自动化驼峰一般采用点式调速方案,即在驼峰溜放部分及调车线内,车辆溜放的调速设备全部采用减速器,在溜车径路上的一个或几个固定地点设置减速器制动位,每个制动位控制钩车有一定的溜放距离。

美国铁路自动化驼峰的具体调速方案来自以下两大系统。

a. 美国通用铁路信号公司研制的系统。

该系统的特点是：驼峰咽喉区一般设两个减速器制动位,第一制动位的车辆出口速度固定为20km/h(定速出口),第二制动位的车辆出口速度根据能满足溜放车辆的入线速度为(6.4±3.2)km/h 的条件确定(变速出口)；调车线为 1.4‰下坡,能保证车辆不超过安全连挂速度溜到调车线的终端。

b. 美国联合信号公司研制的系统。

此系统的特点是：驼峰溜放咽喉区设置三个减速器调速制动位。第一、二制动位按车辆重量等级(重、中、轻三级)确定出口速度(相应为 17.3km/h、17.3km/h、19.2km/h),作业员还可根据气象等条件,对速度控制系统进行调整(如使难行车出口速度修正为 19.2km/h、19.2km/h、21.8km/h,使易行车出口速度修正为 12.8km/h、12.8km/h、16.0km/h)。第三制动位按停留车位置的远近、车辆溜放性能等因素经计算机计算出口速度。

②减速器类型与制动能力要求。

美国铁路驼峰控制车辆溜放速度的制动工具以电空钳式减速器和电动弹簧减速器为主。在减速器制动能力方面,美国铁路协会提出了以下规定：

a. 每条溜放进路上的减速器应具备足够的制动能力,使一个溜放阻力为1.5kg/t的车辆(四轴,最大总重100t)从峰顶按设计的推送速度溜放时,经过主、分减速器制动后,能在分减速器上停住。

b. 主减速器的制动能力应保证将一辆最大总重100t、溜放阻力为1.5kg/t的车辆经过全制动后,其出口速度不高于车辆进入分减速器时经全制动后能停车的出口速度。

c. 分减速器的制动能力应满足能控制住具有正常溜放阻力的重车进入调车线的溜放速度的要求。例如一组具有制动能力5.5ft(1.68m)制动能高的减速器,能将具有1.2~3.4kg/t溜放阻力的重车从分减速器出口处起至2500ft(762m)调车线上的溜放速度,制动至安全连挂速度。

d. 溜放车辆在主减速器或分减速器的出口速度(通常为8~14mph,即12.88~22.54km/h)应保证主减速器和分减速器的安全间隔。

e. 为了补偿曲线附加阻力,可设置补偿坡度。此因素在设计确定分减速器与计算点的坡度以及确定分减速器的制动能高时,可加以考虑。

1.2.2　加拿大重载铁路发展概况

20世纪60年代,加拿大铁路就已在重载运输领域取得实质性进展。目前,加拿大重载铁路里程约5.8万km,其重载列车编组长度一般为80~130辆,牵引质量平均为10000~15000t;同时加拿大积极开行和发展双层集装箱重载列车,采用固定班列组织形式,平均运行速度为75km/h,最高可达100km/h。在车辆轴重方面,1995年,加拿大Ⅰ级铁路标准轴重确定为32.43t;2002年,Ⅰ级铁路标准轴重改为35.7t;目前,其货车最大轴重可达39t。采用重载运输后,加拿大铁路年运量达2亿t,铁路运输占货运市场运输份额的30%,占全部出口运量的40%。

(1)总体情况。

加拿大重载铁路编组站的发展过程与特征总体上与美国铁路编组站类似。在编组站布置图型方面,加拿大铁路编组站主流布置图型同样为从双向布置图型转变为单向布置图型。双向布置图型以采用各系统的到达、调车、出发三场顺序纵列的三级六场图型居多。为适应重载列车长、大、重的特点,单向布置图型较多采用二级式(到达场与调车场纵列,出发场与调车场横列)和一级式(到发场和调车场横列)的图型。在编组站股道数量方面,加拿大铁路主要编组站的股道数量十分庞大,尤其是调车场股道,平均可达50股。在股道有效长方面,加拿大编组站的到发线有效长一般都在1000m以上,部分可达2000m;而调车场股道有效长则较短,一般按货物列车长度的1/2或1/3设计,以适应车流去向到站多、分号多、分组列车多的需要。

在20世纪70年代前后,加拿大铁路编组站就已实现较高的自动化水准。加拿大埃里斯编组站,除实现驼峰作业(包括调机无线遥控、驼峰溜放进路控制、驼峰溜放车辆速度控制)自动控制外,还实现了列车预报信息传送、核对车号、掌握现车和部分主要运营统计自动化,改编能力可达6000辆/日。

(2)加拿大重载铁路编组站概况。

①加拿大编组站驼峰设计现状。

在纵断面设计方面,加拿大铁路驼峰与美国铁路驼峰类似,二者都属于"美洲型"驼峰。"美洲型"驼峰的典型纵断面如图1-9所示。

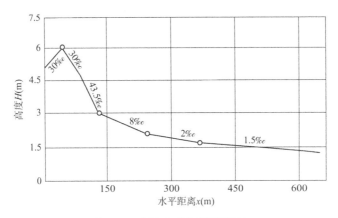

图1-9 "美洲型"驼峰纵断面设计

②加拿大编组站驼峰调速控制现状。

加拿大铁路的货车均为安装滚动轴承的4轴车,车辆溜放阻力小,制造和维修品质高,安全连挂速度可达10km/h;同时其编组站具有峰高较高,调车场股道有效长较短的特点。

加拿大铁路驼峰普遍采用"点式"调速方案,只需在驼峰咽喉区设置2~3个制动位,就能较好地实现驼峰目的制动的"钩钩连挂"。例如,自动化驼峰可通过设置在驼峰咽喉区两个制动位的减速器来完成溜放车辆的目的制动和调速制动。其中第一制动位设两组各7节减速器,布置在59.32‰的坡道上,制动能高2.52m,用于消除易行车的多余能高,拉开前后溜放车辆间距;第二制动位设一组12节减速器,布置在18.2‰的坡道上,用于保证溜放车辆与调车线停留车安全连挂。两制动位减速器均为M67型电空钳式减速器,风压为9.8kg/cm^2。

1.2.3 俄罗斯重载铁路发展概况

俄罗斯重载铁路发展先后经历了 1961—1975 年、1978—1986 年、2004 年至今三个阶段，各个阶段的发展重点不同。

第一阶段(苏联时期)：该阶段大规模普及电力牵引和内燃牵引，普及自动闭塞、电气集中，实施复线改造，配备大载重车辆等。1964 年首次开行组合列车，从 2 列普通列车连挂组合发展到 3 列、4 列，最多到 7 列组合。

第二阶段(苏联时期)：1979 年完成了重载列车牵引试验，开行 6000t 载重列车。1983 年以后，重载组合列车技术有了新突破，三联(三列车联挂)及多联方式的重载组合列车总重可超过 1 万 t。1986 年开行了总重达 43407t 的组合列车。

第三阶段(俄罗斯)：21 世纪初，俄罗斯铁路股份公司认为需要新建重载线路，改造现有重载线路及相关基础设施，提高列车轴重。在线路的新建与改造方面，俄罗斯铁路线路条件特殊，以客货混运为主，运输距离长，环境温度变化范围大。俄罗斯铁路股份公司研究了扩大重载列车和超长列车开行线路的方案，确定了适合发展重载运输的 13 条干线，总长超过 3 万 km。在货车轴重方面，俄罗斯铁路货车轴重从 23.5t 提升到 25t。近年来，俄罗斯正在研制并推广应用 27t、30t 轴重货车。

1.2.4 澳大利亚重载铁路发展概况

澳大利亚的重载铁路发展起步较早且形式多样。其中，宽轨铁路营业里程 4017km，准轨铁路营业里程 16343km，窄轨铁路营业里程 18958km。在牵引动力方面，昆士兰铁路采用电力机车牵引，铁矿铁路则采用内燃机车牵引。

(1)列车编组、牵引质量方面。

1996 年 5 月，澳大利亚必和必拓铁矿公司在纽曼山—海德兰港铁路线上开行了 540 辆货车编组的重载列车(3 台机车 + 135 辆货车 + 2 台机车 + 135 辆货车 + 2 台机车 + 135 辆货车 + 2 台机车 + 135 辆货车 + 1 台机车)。列车由 10 台内燃机车牵引。列车总长 5892m，总重达 72191t，净载重 57309t。

2001 年 6 月，在纽曼山—海德兰港铁路线上又开行了 682 辆货车编组的重载列车。列车由 8 台 AC6000 型机车牵引。列车总长 7353m，总重达 99734t，净载重 82000t。

(2) 货车轴重方面。

澳大利亚重载铁路发展初期,货车轴重较小。1968 年货车轴重为 17.75t,1971—1972 年货车轴重提高到 20t。目前,澳大利亚重载铁路货车轴重已普遍提高至 30~35t,正向 40t 发展。

1.2.5 巴西重载铁路发展概况

巴西重载铁路主要由淡水河谷公司和奥美拉蒂纳物流有限公司经营,主要线路有卡拉齐斯、米纳斯等重载铁路。其中,卡拉齐斯铁重载铁路货车轴重超过 30t,列车牵引质量达到 4.3 万 t。

米纳斯重载铁路是一条窄轨铁路(轨距 1000mm)。2001—2003 年,米纳斯重载铁路列车标准编组为 320 辆,平均总重 31000t,由 3 台机车牵引。目前,该铁路重载列车编组为 2 台机车 +168 辆货车、3 台机车 +252 辆货车,列车最大牵引质量达到 2.5 万 t。

1.2.6 南非重载铁路发展概况

南非重载铁路主要为矿石专线和运煤专线。1989 年 8 月,矿石专线试验开行了 660 辆货车编组的重载列车(5 台电力机车 +470 辆货车 +4 台电力机车 +190 辆货车 +7 台内燃机车 +1 辆罐车 +1 辆制动车)。列车由 16 台机车牵引。列车总长 7200m,总重达 71600t。目前,矿石专线货车轴重提高到了 30t,编组数量为 342 辆,列车长度 4100m,牵引质量达到 3.42 万 t。运煤专线重载列车长 2.2km,牵引质量 22000t。

1.3 我国重载铁路发展概况

1.3.1 我国重载铁路重载化发展现状

我国重载铁路的典型代表为"西煤东运"通道大秦线、朔黄线、"中南通道"瓦日线以及"北煤南运"通道浩吉线等。

1)重载铁路发展现状

(1)大秦线发展现状。

20 世纪 90 年代开通的大秦线,以韩家岭站为起点,以柳村南站为终点,全长

653km，是我国第一条电气化运煤专线。大秦线年运输能力为4.5亿t，目前日运量已达130万t。截至2023年2月，累计运送煤炭超80亿t。大秦线承担了全国六大电网、五大发电公司、380多家主要电厂、十大钢铁公司和6000多家工矿企业的生产用煤和煤炭出口运输任务。图1-10为大秦线示意图。

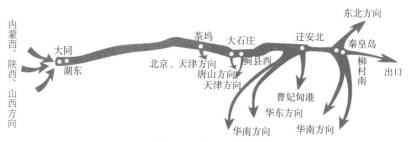

图1-10 大秦线示意

大秦线为双线自动闭塞电气化铁路，闭塞方式采用四显示自动闭塞，主要技术标准为Ⅰ级双线，限制坡度4‰（上行）、12‰（下行），最小曲线半径800m（一般地段）、400m（困难地段），牵引方式为电力牵引，重车方向运行速度为80km/h，空车方向运行速度为90km/h。大秦线于1990年完成单元万吨和组合万吨的开行试验，2003年开始常态化开行万吨列车，2006年开始常态化开行2万t重载组合列车，并于2014年4月2日成功完成了我国第一列"1+1+1+1"编组模式的3万t重载组合列车运行试验。目前，大秦线常态化重载列车编组模式主要有2万t组合列车、1.5万t组合列车、单元万吨列车和组合万吨列车，各编组方式及使用车辆的相关数据见表1-1、表1-2。

大秦线重载列车编组形式　　　　　　　　　表1-1

重载列车种类	编组形式	换长	质量(t)
2万t	C_{80}型105辆 + C_{80}型105辆	231.0	21000
1.5万t	C_{80}型105辆 + C_{80E}型48辆	177.9	15612
	C_{80E}型96辆 + C_{80E}型48辆	187.2	15336
	C_{70}型108辆 + C_{70}型54辆	210.6	15195
	C_{70}型108辆 + C_{80E}型48辆	202.8	15242
单元万吨	C_{80}型105辆	115.5	10500
	C_{80E}型96辆	124.8	10224
	C_{70}型108辆	140.4	10130

续上表

重载列车种类	编组形式	换长	质量(t)
组合万吨	C_{64}型60辆 + C_{64}型60辆	456.0	10008
	C_{70}型54辆 + C_{70}型54辆	140.4	10130
	C_{70}型54辆 + C_{64}型60辆	148.2	10069
	C_{70}型54辆 + C_{80E}型48辆	132.6	10177

大秦线使用车辆参数 表1-2

车辆型号	轴重(t)	自重(t)	换长	设计速度(km/h)	载重(t)
C_{80}	25	20.0	1.1	100	80.0
C_{76}	25	25.0	1.1	100	75.0
C_{80E}	27	26.5	1.3	120	80.0
C_{70}	23	23.8	1.3	120	70.0
C_{64}	21	23.4	1.2	100	60.0
C_{62}	21	22.0	1.2	100	60.0

大秦线自1992年开通以来,通过不断的技术研发和自主创新,解决了机车车辆装备升级、机车无线同步操纵控制等一系列重大技术问题,构建了我国重载运输的技术体系。

为更高效地完成2万t列车牵引任务,我国与国外机车制造商合作设计了和谐系列HXD_1型和HXD_2型重载货运电力机车,并于2007年在大秦线投入运用。HXD型电力机车功率达到9600kW,起动牵引力达到760kN,最高运行速度120km/h;采用车底吊挂结构的大容量牵引变压器、水冷绝缘栅双极型晶体管(IGBT)牵引变流器、大功率交流异步牵引电机、高强度车体、高黏着低动力作用转向架,具有恒功范围大、轴功率大、黏着性优良、运营安全可靠等优点。在HXD型电力机车投入运用前,大秦线2万t组合列车需要4台SS_4型电力机车采用"1+2+1"的方式牵引运行;在HXD型电力机车投入运用后,仅需2台HXD型电力机车按"1+1"的方式牵引,就可满足1列2万t列车的牵引要求。

为更好地进行煤炭装载运输,大秦线采用了双浴盆整体承载车体结构、铝合金材料车体的C_{80}型运煤专用敞车,以及高强度耐候钢车体的C_{80E}型运煤专用敞车。

分布式无线同步控制技术对开行万吨长大组合列车而言十分关键。负责大秦线牵引任务的湖东机务段,其所配属的机车均加装了无线同步控制系统(LOCOTROL系统,如图1-11所示),配以800MHz无线电台、铁路专用全球数字移动通信系统(GSM-R)无线通信设备,实现了多台不同型号、不同传动方式机车之间的同步控制,不仅提高了1.5万t和2万t列车编组的灵活性,还降低了长大组合列车车辆间的纵向冲动,缩短了制动距离,有效提高了列车运行的安全性。

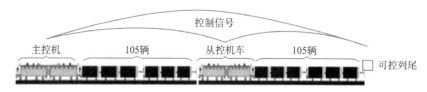

图1-11　无线同步控制系统示意

(2)朔黄线发展现状。

1999年开通的朔黄线,以神池南站为起点,以黄骅港站为终点,正线总长589km。朔黄线年运输能力为3.5亿t,2021年完成货运量3.48亿t,其中煤炭运量达3.3亿t。截至2022年7月,朔黄线2万t列车累计安全开行75102列,完成煤炭运输8.57亿t。图1-12为朔黄线示意图。

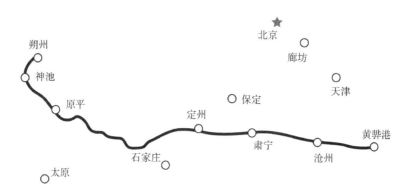

图1-12　朔黄线示意

朔黄线为国家Ⅰ级双线电气化铁路,全线设34个主要车站,其中区段站4个,中间站29个,其中平原南、西柏坡站等9个中间站具备2万t列车停靠条件,神池南、肃宁北、黄骅港站等技术站具备万吨级列车的组合(分解)作业条件。朔黄线主要技术指标见表1-3。

朔黄线主要技术指标 表1-3

区段	限制坡度(‰)	牵引种类	机车类型	牵引质量(t)	到发线有效长(m)	最小曲线半径(m)	闭塞方式
神池南—西柏坡	4/12	电力	SS$_4$、HXD、神华号	20000	2800	400	自动
				10000	1800		
				5500	1050		
西柏坡—黄骅港	4	电力	SS$_4$、HXD、神华号	20000	2800	400	自动
				10000	1800		
				5500	1050		

朔黄线于2009年10月开行116辆货车编组的万吨重载列车,于2015年9月进行了2万t重载组合列车动力学试验,并于2016年3月正式开行2万t重载列车;目前,朔黄线的主要编组模式为2万t、1.6万t及万吨重载列车,其中2万t、1.6万t级列车的追踪间隔时间为13min,万吨级列车追踪间隔时间为11min,各编组形式见表1-4。

朔黄线重载列车编组形式 表1-4

重载列车种类	编组形式	换长	质量(t)
2万t	C$_{80}$型108辆 + C$_{80}$型108辆	237.6	21600
1.6万t	C$_{80}$型108辆 + C$_{70}$/C$_{64}$66辆	198.0	16542
单元万吨	C$_{80}$型116辆	127.6	11600
	C$_{70}$型116辆	139.2	10788
	C$_{64}$型132辆	158.4	11352

牵引方案是确保万吨重载列车具备充足牵引能力、顺利完成运输任务的关键。朔黄线重载列车牵引方案主要包括:

①"1+1"牵引模式,即1台交流机车+1台交流机车+可控列尾的牵引方案,主要运用于牵引2万t、1.6万t级重载列车,其具体连挂方式如图1-13所示。

②"1+0"牵引模式,即1台交流机车+可控列尾的牵引方案,主要运用于牵引单元万吨重载列车,其具体连挂方式如图1-14所示。

朔黄线自开通以来,在机车车辆控制、大轴重技术研发应用、通信信号系统等领域取得了诸多成就。自2017年起,朔黄线年运量连续突破3亿t。

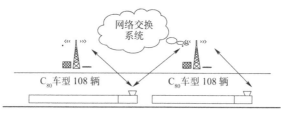

图 1-13 "1+1"牵引机车连挂方式示意

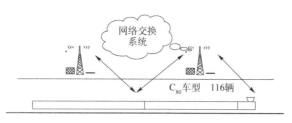

图 1-14 "1+0"牵引机车连挂方式

在机车车辆装备方面,朔黄线研发了基于 800M+400k 通信和基于长期演进铁路(LTE-R)通信的无线重联同步控制系统,投入了常态化动力学性能检测的综合检测试验机车,研发了 30t 轴重 KM98 型铝合金自卸式底开门车辆,开发了基于 400M+400k 通信和 LTE+400M 通信的双通道排风可控列尾装置,实现了交流电力机车和直流电力机车互联互通,开行 C_{80} 与 C_{70}/C_{64} 货车混编的 1.6 万 t 重载组合列车,研制了车辆自动驻车装置,实现了坡道自动驻车防溜。

在大轴重技术研发应用方面,朔黄线开展了 30t 轴重条件下既有重载铁路工务设备强化改造关键技术研究与应用,在北大牛—东冶区间建成了 65km 综合示范段,成功进行了 30t 轴重货车的 2.5 万 t 重载组合列车试验,基本形成了 30t 轴重下线、桥、隧、路基的适应性评估与强化改造技术体系。目前,朔黄线正在进一步实施基础设施智能运维、自动驾驶、3 万 t 列车试验、2 万 t 列车动力学安全性能综合检测评价等技术的研究和应用。

在通信信号系统方面,朔黄线全线建设了基于 LTE-R 移动通信系统的 4G 网络,开发了机车综合无线通信设备(CIR),改造实现了地面信号三显示、四显示,并于 2021 年 6 月首次实现了移动闭塞技术在重载铁路上的应用。目前,朔黄线正在实施山区地段自动闭塞三显示改四显示,平原地段移动闭塞工程化推广。

(3)瓦日线发展现状。

2014 年开通的瓦日线以瓦塘镇站为起点,以日照港站为终点,全长 1267km,是我国继大秦线后"西煤东运"的又一条重要通道。瓦日线煤炭运输服务对象包括下游豫北、鲁南等地的电力、钢铁和化工企业。图 1-15 为瓦日线示意图。

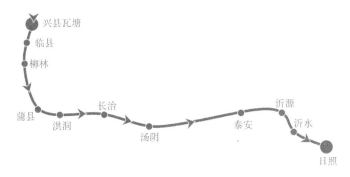

图 1-15 瓦日线示意

瓦日线是我国第一条按 30t 轴重标准自主设计建设的重载铁路,采用的闭塞方式为自动闭塞,全线共设置货运车站 46 座。瓦日线各区段主要技术标准见表 1-5。

瓦日线各区段主要技术标准　　　　　　　　　表 1-5

区段	限制坡度(‰)	牵引种类	机车类型	牵引质量(t)	到发线有效长(m)	最小曲线半径(m)	闭塞方式
洪洞北—汤阴东	6/13	电力	SS_4,HXD	10000	1700	一般 1200	自动
				5000	1050	困难 800	
汤阴东—莱芜北	6	电力	SS_4,HXD	10000	1700	一般 1200	自动
				5000	1050	困难 800	
莱芜北—日照南	6	电力	SS_4,HXD	10000	1700	一般 3500	自动
				5000	1050	困难 2800	

瓦日线自开通以来,其重载列车组织方案不断完善。瓦日线于 2018 年 1 月首次组织开行单元万吨重载列车,并于 2020 年 4 月首次组织开行了 1.2 万 t 重载列车。目前,瓦日线常态化开行单元万吨列车和 6000t 级列车,单元万吨按照"4 台机车+100 辆货车"固定编组,主型货车为轴重 27t 的 C_{80E} 型货车和轴重 30t 的 C_{96} 型货车,在装车站和卸车站间循环使用,重去空回,中途不分解。

(4)浩吉线发展现状。

2019 年开通的浩吉线,以内蒙古浩勒报吉为起点,以江西吉安为终点,全长 1814km,设计输送能力为 2 亿 t/年。自开通以来浩吉线运量逐年大幅增长,2020—

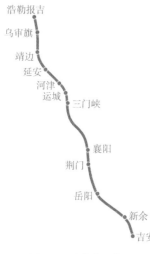

图1-16 浩吉线示意图

2022年分别完成煤炭运输2620万t、5825万t、9058万t,年均增长率达88%。图1-16为浩吉线示意图。

浩吉线是国家Ⅰ级电气化铁路,闭塞类型为自动闭塞,全线共设77个车站,其中会让站35个、区段站4个、万吨组合分解站1个。浩吉线浩勒报吉南站至陶利庙南站段、坪田站至吉安站段为单线,其余段落均为双线;限制坡度为6‰,其中上行线纳林河站以南达到13‰,最小曲线半径为一般情况1200m、困难条件800m,牵引质量为10000t和5000t,牵引种类为电力机车。

浩吉线目前主要开行组合万吨列车,至2023年2月,万吨列车开行已突破1000列。其万吨列车编组形式最初为两台HXD型机车牵引105辆C_{80}型货车,2023年4月调图后,万吨列车编组从105辆调整至最高120辆,牵引质量从10500t提升至12000t,运输效率进一步提高。

2)我国重载铁路的特点

(1)列车编组辆数多且载重大,线路运量较大。

大秦线自2008年起常态化开行2万t重载列车,列车编组达210辆,全长超过2600m,目前日均开行重车83.5列,其中2万t列车64.3列,占比达75%及以上。朔黄线截至2022年2万t列车安全开行已超过75000列,编组C_{80}型货车216辆。瓦日线和浩吉线开行的万吨列车,所编组的货车均超过100辆。此外,与国外发展重载运输的国家相比,我国重载运煤专线的突出特点是运量较大,大秦线年运量4亿t,朔黄线年运量3亿t以上,瓦日线、浩吉线2022年运量突破1亿t级别。

(2)列车运行间隔时间短,运输密度大。

大秦线运输组织繁忙,西部装车点有100多个,东部包含秦皇岛港、京唐港、曹妃甸港等在内的几十个卸煤点,单日最高运量接近140万t,大秦线的运输组织技术已较为成熟,2万t、1.5万t列车最短追踪间隔时间为12min,单元万吨列车、组合万吨列车最短追踪间隔时间为10min。大秦线基本图(含120min综合维修天窗)安排万吨列车开行87对/天,其中2万t列车开行55对/天;非施工日分号图(不含维修天窗)万吨列车开行数目进一步提升,达95对/天,其中2万t列车63对/天。朔黄线日开行列车对数在90对以上,2万t列车最短追踪间隔为15min,万吨列车最短追踪间隔12min。

(3) 货车轴重偏小。

国外重载技术较为先进的国家，其货车轴重一般为 30t 以上。与这些国家相比，我国重载运煤专线所使用的货车轴重相对偏小，以轴重为 23t 的 C_{70} 型货车、轴重为 25t 的 C_{80} 型货车为主。自 2014 年以来，我国在 27t、30t 轴重货车方面也取得了突破性进展。目前我国批量生产的 27t 轴重的 C_{80E} 型敞车已经在大秦线上投入运用，30t 轴重的 C_{96} 型货车也在积极开展运行试验，如瓦日线长子南站—平顺站（91.8km）建设了 30t 轴重重载铁路试验段。近期开通的浩吉线则是按照 30t 轴重标准设计建造而成的，为 30t 轴重货车的试运行提供了良好的条件。

国内外重载铁路主要技术标准对比见表 1-6。

国内外重载铁路主要技术标准对比 表 1-6

国家	轴重(t)	牵引质量(万t)	编组辆数(辆)	特点
美国	32.43	1.9	135	重载铁路在货运线路中比例高
巴西	32.5	4.3	334	单线运量大
澳大利亚	40	2.4~3.8	316	轴重大
南非	30	4.1	342	牵引质量大
俄罗斯	23.5	1.4	148	相对偏小
中国	25(试验30)	2.1	216	运量大、密度大

(4) 重载铁路无列车解体编组需求。

我国重载铁路的重载列车编组方式以组合式为主。以 2 万 t 列车为例，其由 2 列单元万吨列车组合而成，或由 4 列 5000t 列车组合而成。对于 2 万 t 列车的单元万吨列车或 5000t 列车均是在装车点完成整列装车后或者接入线整列接入且去向是 1 个目的地的列车，中间无须进行改编作业。因此，对于大秦线、朔黄线等重载铁路，其主要技术作业为组合、分解作业，即在装车端将万吨、5000t 列车组合成 2 万 t、1.5 万 t 列车或万吨列车；在卸车端，将 2 万 t 列车分解为万吨或 5000t 列车。因此，我国专用重载铁路没有设置编组站，列车无解体、编组作业需求。虽然我国重载铁路已经达到国际重载铁路技术标准，相关技术甚至已达到世界先进水平，但重载铁路线没有设置编组站，未建驼峰设备，因此我国重载铁路的发展并未带动驼峰设计与调速控制理论及技术的进步。

1.3.2 我国普速铁路重载化发展现状

我国在普速铁路上积极推进重载化工作，并在京广、京沪、京哈等干线通道开展了相关试验。

1）我国普速铁路重载化发展现状

（1）我国普速铁路重载化发展概况。

我国铁路重载运输发展初期（1984—1986年）主要采用的发展策略是改造既有线、开行重载组合列车。1984年11月，晋煤外运的北通道——丰沙大线作为试点，开行了固定式组合列车。列车采用ND_5内燃机车双机牵引，车辆使用缩短型的C_{61}型敞车和装有配套制动技术的新型C_{62A}型敞车，采用"五固定"的运输组织方式，从大同西站至秦皇岛东站进行循环运输。通过一系列的运营试验，该固定式组合列车于1985年3月起正式开行，1986年4月被正式纳入列车运行图，每日开行6对。同时，大同和秦皇岛间进行了双机牵引7400t重载组合列车试验，该组合列车于1986年4月1日被正式纳入列车运行图，每日开行6对。

1985年，沈山线试验开行非固定式重载组合列车（不受车底、车型、构型及制动机型的限制）。试验成功后，1985年8月起在山海关至沈阳间下行方向正式开行7000t的重载组合列车。1986年4月起该组合列车被纳入列车运行图，每日开行5列。1985年7月，石太、石德、津浦线（大郭村—济南西站）也试验开行了非固定式组合列车。试验成功后，该非固定式组合列车于1985年10月11日起每日开行1列。此外，平顶山至武汉（江岸西站）间，隔日开行1列双机牵引6500t的重载组合列车，徐州北至南京东站间每日开行1对双机牵引7000~8000t的重载组合列车。

20世纪90年代以来，随着经济社会的进一步发展，我国铁路运能异常紧张，许多繁忙干线，特别是与煤炭等能源运输相关的线路运输能力已达到饱和。为满足经济发展所带来的运输需求，我国重载运输模式进一步发展，形成了两种主要模式：

①重载运煤专线及其相邻衔接线路上开行2万t、单元万吨和组合万吨重载列车。

②主要既有繁忙干线上开行5000~6000t级整列式重载列车。

自20世纪90年代起，我国分步骤地在一些主要繁忙干线方向上组织开行5000t级整列式重载列车。1992年8月，5134t（2台ND_5型电力机车牵引）和5119t（2台北京型电力机车牵引）的重载混编列车成功进行了开行试验。1993年4月，京沪、京广线一些区段开行的5000t重载列车被正式纳入运行图。1997年4月，京哈线固定开行了5000t重载列车。至此，我国铁路三大主要繁忙干线都开行了5000t级重载混编列车。2007年全国铁路第六次大面积提速后，繁忙干线所开行的重载列车牵引定数由5000t进一步提升至5500~5800t，干线运输能力得到进一步提高。

根据《中长期铁路网规划(2008年调整)》,我国铁路围绕十大煤炭基地建设大能力的煤炭外运通道;随着客运专线的相继建成,既有繁忙干线,如京广、京沪、京哈、陇海线及沪昆线浙赣段等通道,实行客货分线的运输组织模式。与此同时,大秦线、朔黄线等重载运煤专线的成熟技术及经验也在煤炭外运通道及既有繁忙干线上推广运用,推动了我国铁路重载运输范围的进一步扩大。为进一步提高既有线重载运输发展水平,国内学者从技术设备、运输组织、经济效益等方面开展相关研究,取得了丰富的研究成果,为推动我国铁路既有线重载化改造作出了重要贡献。

(2)我国普速铁路重载化研究现状。

在普速铁路重载化研究方面,宁超针对既有铁路重载化改造项目中的三个问题——重载运输投资决策与货流分配、重载化改造效益评估和铁路圆曲线外轨超高合理设置进行了深入研究。姜雯对兰新线的规划运量和既有线路设备条件进行分析,提出近、远期既有兰新线需开行重载列车,以满足年货运量需求。通过研究兰新线近、远期重车组织方案,姜雯得出近期组织开行万吨列车、远期组织开行2万吨列车的运输组织方案。

朱小军分析了既有线运营27t轴重货车的技术经济效果和限制条件,提出既有线发展重载运输的四种运输组织模式,并通过构建运输组织模式辅助分析系统,对不同组织模式的运用效果和技术改造优先级进行计算分析。杜旭升从线路设施、机车车辆、站场布置和列车运行等角度对既有线开行重载列车进行适应性分析,对既有线开行重载列车的货车轴重、牵引质量、线路设施和编组站改造提出了相关建议。

穆鑫分析了我国铁路货运发展存在的问题,论述了既有线运用大轴重货车的需求;根据线路站场等固定设施和机车车辆等移动设备条件,分析了既有线运用27t轴重货车的技术可行性,对部分线路设施设备提出相应的改造方案;最后,结合27t轴重货车运用效益分析结果,给出既有线运营27t轴重货车分批量、分阶段、分年度实施方案。

2)我国普速铁路编组站发展现状

(1)我国普速铁路编组站数量。

我国铁路编组站大多于20世纪80年代初建成,当时全路范围内有部管编组站46个,其中路网性编组站13个、区域性编组站16个、地方性编组站17个。到20世纪90年代,随着京九、宝中新线的引入运营和浙赣、宝兰双线建成投产,我国编组站建设又有新发展,编组站总数由原先的46个增至49个。

目前,我国共有三种类型的铁路编组站,其中路网性编组站包括哈尔滨南、沈阳西、丰台北站等,区域性编组站包括关江村、南仓、石家庄站等,地方性编组站包括牡丹江、长春、通辽站等。

(2)我国普速铁路编组站布置图型。

归纳起来,我国普速铁路编组站的基本布置图型总共有六种,即单向横列式、单向纵列式、单向混合式、双向横列式、双向纵列式、双向混合式。其他布置图型均是由这些基础图型上派生而来的,且数量相对较少。我国部分普速铁路编组站按站型分类统计见表1-7。

我国部分普速铁路编组站按站型分类统计　　　　表1-7

调车系统	车场配列	站名
双向	三级八场	郑州北、丰台西
	三级七场	武汉北、新丰镇
	三级六场	哈尔滨南、沈阳南、石家庄、株洲北、南仓、徐州北
	三级五场	南翔、广州北
	二级六场	济南西、包头西
	二级五场	山海关、向塘西、四平、青岛西、贵阳南
	二级四场	哈尔滨、牡丹江、通辽南、沈阳西
	一级四场	长春
单向	三级四场	南京南、襄樊北、昆明东、阜阳北、江岸西
	三级二场	鹰潭、衡阳北、柳州南、兰州西
	二级四场	三间房、太原北、大同西、宝鸡东、西安东、武昌南、淮南西、怀化南、武威南

全路中解编作业量较大的路网性编组站,在上下行改编车流较为均衡,折角车流比重不大,地形条件不受限制的前提下,一般按照双向三级六场式布置图型进行设计。双向三级七场(如武汉北)、双向三级八场(如郑州北)等布置图型均是从双向三级六场衍生而来的。此类布置图型的特点是作业交叉少,解编能力强,线路疏解简单,但建设成本较高;一般情况下,其解编作业量可达16000辆/天(包括折角车流重复作业)。图1-17为双向三级六场编组站布置图。

在我国大型路网性编组站中,郑州北站是我国第一个双向纵列式三级八场自动化的特大编组站,如图1-18所示。

郑州北站位于京广线、陇海线两条干线的交会处,承担两大干线东、西、南、北四个方向货物列车的解体、编组任务。郑州北站布置图型采用双向三级八场形式,包括上行方向的到达场、编组场、出发场,下行方向的到达场、编组场、出发场,以及两系统编组场之间的交换车场和下行峰尾处的辅助编组场。各车场具体设备情况见表1-8。

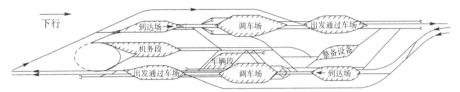

图1-17 双向三级六场编组站布置图

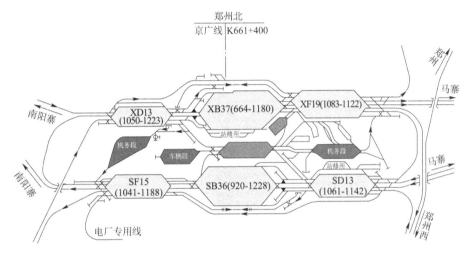

图1-18 郑州北编组站示意图

郑州北各车场具体设备情况　　　　　　　　　　　表1-8

设备类型	上行系统	下行系统	共用线
到达场股道	13	14	—
编组场股道	36	37	—
辅助编组场股道数	—	8	—
驼峰类型及制动位	自动化(三级制动)	自动化(三级制动)	—
峰前推送线	4	4	—
编组场尾部牵出线	3	4	—
交换场股道	—	—	8
出发场股道	15	19	—

031

为方便两个系统间折角车流集结，郑州北站在两系统调车场之间设置了交换场，分别由两条到交线连接两个到达场，直接经过交换场到对应车场进行作业。为增强调车场尾部编组能力，处理京广和陇海下行方向上的大量改编车流，郑州北站在下行编组场尾部设置了辅助编组场，以便多组、摘挂、枢纽小运转列车的编制，减少对其他种类列车编组的干扰。

(3)我国普速铁路编组站综合自动化发展概况。

编组站综合自动化系统能够更好地提高编组站整体改编能力、生产率，提高作业的安全程度。我国编组站从20世纪80年代中期开始进入初步现代化阶段，最早的现车管理系统主要通过人工录入方式对进入车站的现车进行掌握和逻辑跟踪，根据手工报告人工修改动态信息，再结合编制的解体计划，对现车进行统计分析；其他的钩计划均通过手工录入、传递及货运计划的辅助编制等。进入90年代，我国编组站的现代化程度不断提高，铁路运输管理信息系统(TMIS)代替了人工报送模式，人机结合进行现车信息核对、车流推算、辅助编制等调车作业计划。随着铁路信息化的持续建设，铁路运输管理信息系统、车站管理信息系统、调度指挥管理信息系统、现车信息系统等的应用大大提高了铁路运输作业效率和现代化水平。目前，我国现代化的编组站系统仍在不断研发、完善，铁路运输行业对编组站自动化重视程度也逐渐提高。

为提高国内编组站的解编能力和自动化水平，我国于1987年到1997年先后在郑州北、徐州北、阜阳北等编组站引进了美国的驼峰自动化系统，但由于国外编组站控制技术发展相对滞后，以及国外与国内编组站运营条件的差异，这些系统的应用效果不佳，逐步被我国自主研发的TW-2等驼峰自动化系统所取代。

TW-2型驼峰自动化控制系统(简称"TW-2系统")是北京全路通信信号研究设计院(以下简称"通号院")自主研发的控制系统。系统结构采用典型的集散式控制系统，由标准化、通用化、模块化、系统化的计算机组成，分为控制级、管理级、操作级三级体系结构，如图1-19所示。

TW-2系统的主要功能包括溜放进路自动控制、溜放速度自动控制、驼峰联锁等功能，在保证驼峰溜放作业安全准确的基础上，实现高度自动化，大幅提升驼峰解编作业效率。1993年以来，TW-2系统在国家铁路和地方铁路编组站共120多座驼峰广泛应用，市场占有率超过50%。TW-2系统集成度高、设备集中、可靠性强，能够实现大中型驼峰编组站的集中控制。

目前，我国编组站综合自动化系统以编组场综合作业自动化(SAM)系统和计算机集成过程系统(CIPS)为代表。SAM系统的优势在于其出色的安全性，而CIPS

的优点在于高效的自动化。

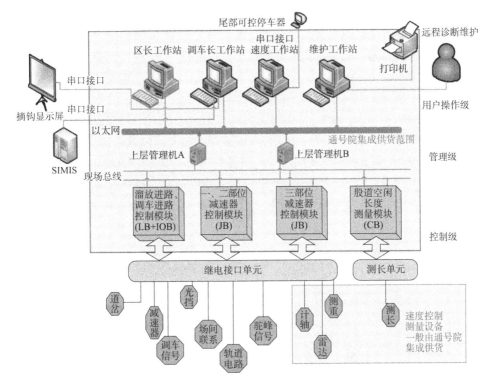

图 1-19　TW-2 型驼峰自动化控制系统结构图

SAM 系统以《铁路信息化总体规则》为核心,是具有中国特色的铁路编组站自动化、信息化和智能化的管理控制系统。SAM 系统通过建立统一的管理与控制平台,结合计算机辅助决策支持,优化既有车站作业流程,以实现路局车站一体化、管理控制一体化、信息共享自动化、运营决策智能化。其功能组成包含:接发车管理;到达、解体、集结、编组、出发等一系列技术作业管理;接受调度所的班计划和阶段计划;接受邻站的到达列车确报(运统一、列车编组顺序表),向路局和临局发送出发列车确报;与邻站的接发车线路闭塞信息交互;等等。

SAM 系统的核心是"管控一体化",它具有计算机联锁全部的操控功能。其控制模式可分为自动控制、人工控制、场控模式和集中辅助模式。在自动控制模式下,编组站集中控制系统将自动分解和调整计划,分情况进行进路的自动办理。编组站集中控制系统自动控制站内所有设备能够自动生成指令并且能够自动执行。如果遇到特殊情况可以进行人工干预,并且人工控制优先。在人工控制模式下,值班员可以在车站调度中心集中办理进路;在场控模式下,值班员要分散到各个信号楼里,按照传统的作业方式办理进路;在集中辅助模式下,办理进路与场控模式相同。

2008 年,新丰镇站改扩建工程完成,将原有的三级四场扩建为三级七场。为提高编组站作业效率,完成数量更庞大的车流解编任务,扩建后的新丰镇站应用了新一代编组站综合自动化 SAM 系统。新丰镇站 SAM 系统结构图如图 1-20 所示。系统通过建立编组站统一的综合信息管理与控制平台,完成了计划自动编制与调整、计划自动执行与集中控制、作业过程自动控制,实现了作业管理和控制结合、铁路局集团公司调度与车站调度一体化;与铁路局集团公司信息管理系统相连接,还实现了统计分析、调度指挥与现车管理、运营管理等功能,充分体现了管理决策智能化和信息共享。从 2008 年至今,新丰镇站日均办理的车辆数从 17000 辆左右提高到近 30000 辆,车站解编能力大大提高,同时,车站作业的安全性得到了改善。

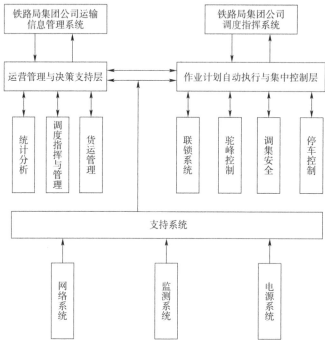

图 1-20 新丰镇站 SAM 系统结构图

CIPS 是编组站内整体的企业管理信息系统和自动化控制系统。CIPS 创建了新一代的编组站现代化模式,将目前已经成熟的各种管理系统和控制系统整合,在系统间建立信息共享平台,在编组站各系统间实现无缝集成,形成智能闭环系统,以实现整个编组站生产管理的现代化和生产控制的综合自动化。

CIPS已实现的主要功能包括：车站调度计划与过程自动管理、车站调度计划管理自动决策、接发列车自动管理、本务机出入段自动管理、车站技术检查作业自动管理、车辆与现车管理、车辆自动追踪、调机自动管理、调车作业计划自动管理、调度自动决策支持、历史数据与基础字典维护管理、管理枢纽中间站、统计报表自动生成。

2007年4月，CIPS首次在成都北编组站投入运用。成都北站CIPS结构如图1-21所示，该系统以信息集成为核心，围绕高速数据网络平台实现编组站经典的"到解集编发"基本生产功能以及各作业环节上的拓展功能，通过各功能之间的衔接，实现管控一体化；所有功能运行时产生的数据都被保存在高速数据平台上并且实时共享。CIPS的应用优化了成都北站的作业控制模式和运营组织模式，使成都北站的日办理车辆数达到13000辆，最高可达15198辆，平均中时为7.4h，极大地提高了编组站解编作业能力。

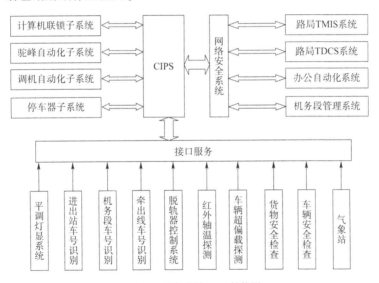

图1-21 成都北站CIPS结构图

2017年，国家铁路局发布《铁路驼峰信号及编组站自动化系统设计规范》(TB 10069—2017)，对驼峰自动化系统的两大组成部分——管理信息系统和信号控制集中系统的主要功能、组成部分、网络设计、防护技术和措施等内容进行了详细规定。《铁路驼峰信号及编组站自动化系统设计规范》(TB 10069—2017)是在《铁路驼峰信号设计规范(附条文说明)》(TB 10069—2000)的基础上，全面贯彻我国铁路技术政策,依据成都北、新丰镇、武汉北等编组站驼峰自动化系统建设和运营实践经验修订而成的,有助于系统、科学地指导我国铁路驼峰信号及编组站自动化系统设计。

(4) 重载化发展背景下我国普速铁路编组站研究现状。

随着我国铁路重载运输的深入发展,货车轴重和列车编组长度将大幅提高。提高货车轴重,会加剧车轮对轨道的冲击和磨损,影响线路的平顺性、稳定性,对编组站调车系统安全、效率的影响也更加突出;扩大列车编组则会对编组站到发线、调车线、牵出线等线路提出更高要求,如线路有效长需满足列车的停车要求等。编组站作为车流的集散地,承担着大量列车的解编作业,为适应重载运输背景下大轴重货车、长编组列车的作业需求,其站场布置和作业设备需进行进一步优化改造,国内学者就这一问题开展了诸多相关研究。

刘其斌分析了既有繁忙干线开行 5000t 重载列车对编组站作业的影响,计算分析了开行重载列车后编组站作业时间、通过能力、解编能力的变化,对不同车流组织方案下编组站的分工和能力进行了评估,提出实现点线能力协调的对策。包振峰分析了大轴重货车应用背景下驼峰自动化调速系统在参数设置、设备能力和作业方法方面存在的问题,提出调整驼峰调速系统基本控制参数、提高减速器机械强度以及制动能高、调整驼峰作业方式等应对措施。

夏胜利等研究了重载列车开行模式与发展途径对编组站作业及设备的影响,提出通过避免重载列车进入调车场、优化车辆组织模式等方式降低对编组站作业的影响,并就驼峰设计理念及条件改进、车场及调车系统改造提出了相关建议。张红亮等提出我国铁路货运的发展趋势为重载化、集装化、直达化和信息化,在此基础上我国铁路编组站的发展应朝降低驼峰峰高、调整优化编组站布局、提高编组站信息管理与过程控制综合自动化水平的方向调整改造。朱亮等研究了开行不同组合方式重载列车对于站场改编的需求,提出在开行单元式重载列车时可采用到达场长短线结合,增设重载车场的方式进行编组站改造;开行组合列车时则可采用在到达、出发场设中间渡线,增设重载到发场等站场改进策略。

3) 我国普速铁路编组站驼峰设计及调速控制发展现状

(1) 我国普速铁路编组站驼峰发展现状。

驼峰在我国铁路的应用较晚,但发展迅速。1958 年,我国第一个简易驼峰在丰台站建成。简易驼峰的平纵断面简单,利用机车推峰,应用手闸和铁鞋进行制动,设备较为简易,全部手工操作。在之后的两年多时间里,全国共修建起 150 多处简易驼峰,虽然只能通过人工完成机车推峰速度控制和货车溜放进路控制,但由平面调车转变为驼峰调车,是调车作业技术发展的第一次飞跃。1960 年,我国第一个机械化驼峰在苏家屯编组站建成。与简易驼峰相比,机械化驼峰的最大优点在于增加了减速器,同时驼峰的平纵断面进行了改良。20世纪60年代至70年代中期,我国相继建成40多处机械化驼峰,减速器的应用使得驼峰的解编能力大大增强;但由于技术限制,溜放车辆在调车场的目的制动依然采用铁鞋进行,导致车辆连挂效率低下。

20世纪70年代,我国铁路货运量激增,编组站作业压力加大,推动了编组站建设的半自动化、自动化进程。1970年,丰台西站东半场首先应用驼峰半自动化系统,增加了雷达测速设备和制动减速器;1978年,丰台西站又增加了四个制动位,采用半自动控制机控制车辆减速器,并由驼峰电气集中按程序控制溜放进路,建成了第一个真正意义上的半自动驼峰;1979年,哈尔滨站下行场开始采用减速器-减速顶点连式调速系统;20世纪80年代,我国自动化驼峰发展进入起步阶段,半自动化和自动化调速技术在这一时期发展迅速并逐渐成熟;1984年,南翔编组站建成了第一座自动化驼峰;1989年,郑州北站自动化驼峰调速控制实现了车辆在减速器出口速度由人控转变为计算机自动计算控制,列车的溜放进路排列也由计算机自动控制,进而实现了溜放全程的计算机自动控制。进入20世纪90年代中期后,我国编组站驼峰机动化技术和设备发展更加迅速,自动化水平和程度大大提高。特别是在进入21世纪后,为满足现代化铁路运输的需要,涌现出自动化驼峰全电子控制系统、调机自动化控制等高水平的驼峰设备与技术。

(2)我国普速铁路编组站驼峰设计研究与发展现状。

我国铁路对于驼峰设计的研究开始于20世纪80年代,在20世纪90年代国内学者对编组站驼峰优化设计的研究取得了丰硕的成果,主要涉及驼峰平面、纵断面设计等。

我国站场与枢纽领域的专家刘彦邦、吴家豪、刘其斌等在其专著中根据驼峰规模和改编能力将其分为大、中、小三类驼峰。专著从理论上涵盖了调车驼峰的设备与组成、现代化驼峰设备构成、驼峰溜放车辆的阻力分析及调速设备、驼峰自动化、驼峰峰高设计、驼峰平纵断面设计、驼峰调速设备制动能高的计算、驼峰峰高检算、驼峰设计优化等内容,为我国现代化驼峰设计提供了参考和指导。

在驼峰平面设计方面,杨金福等对于驼峰头部采用三开道岔后如何合理设置轨道电路进行了分析并给出合理方案。周淑媛等从钩车运营条件以及纵断面设计影响方面对第一道岔的合理位置进行了研究,得出了较为合理的结论。陈杰等提出了峰顶至第一分路道岔绝缘端始端距离的确定方法以及合理的驼峰线束布置方式。吴家豪对小驼峰的平面设计进行了研究,提出三种具有代表性的驼峰线路平面设计图(8股、12股、16股系列调车线平面布置图),并构建了一套驼峰平面设计评价指标,包括驼峰咽喉长度、咽喉区道岔数量和咽喉区铺轨数量等。

  关于驼峰纵断面设计的研究,主要建立在三种纵断面设计理论上,即摆线理论、指数曲线速度理论(矩形速度曲线理论)、抛物线速度理论。黄家厚等借鉴矩形速度曲线理论来设计驼峰纵断面,提出理想纵断面应保证车辆在加速坡快速加速,在高速坡保持高速溜放,在减速坡减速溜放到调车场指定的位置。唐为民对机械化驼峰纵断面设计优化进行了研究,给出了设计反坡段的依据,并就如何确定反坡段的坡度展开了研究。吴家豪和刘彦邦提出的关于点连式自动化驼峰纵断面设计的原则与思想被纳入驼峰设计规范,成为驼峰纵断面设计的传统方法。同时,吴家豪对小能力驼峰从调速制式选择以及纵断面设计两方面进行了相关研究,并提出相应的评价方法。随后,吴家豪从编组站建设创新型改编系统的观点出发,提出一种新的驼峰设计思想,即采用中行车作为设计车辆,将纵断面设计成马鞍形。该理论曾在深圳北车站进行验证,取得了较好的效果。

  关于驼峰设计方法的研究,随着计算机的广泛使用,许多学者开始对驼峰设计方法优化进行探讨。秦作睿采用近似求解、动态规划和计算机模拟的方法,对驼峰纵断面和制动力分配进行同步优化。刘彦邦采用 ALGOL60 算法语言编写了驼峰溜放部分纵断面设计程序,可以选出最优的驼峰纵断面设计方案,同时加快驼峰纵断面设计速度。祝庆增等考虑了气候、车流、车辆阻力等因素的随机性,建立了计算机模拟模型,对点连式驼峰峰高及纵断面设计进行模拟以寻求最优设计方案。黄孝章提出了咽喉区网络结构图到设计图的自动拓扑变换方法,根据驼峰头部平面网络结构图,用转角增量法、限界轨迹线交点判别法及咽喉区网络结构图自动拓扑变化方法实现了驼峰头部平面图的优化设计。在现有驼峰纵断面设计理论和方法的基础上,以提高驼峰推峰速度及降低驼峰高度为目标,黄孝章建立了驼峰溜放部分纵断面设计的多目标优化模型,并运用模糊贴近度分析理论及变尺度算法对该模型进行了优化求解,实现了驼峰纵断面的自动设计和检算,并能自动输出纵断面和速度-时间曲线图形。黄孝章在 AutoCAD R12 for Windows 环境下开发了编组站计算机辅助设计系统,具有驼峰头部、纵断面自动设计、检算及自动绘图等功能。

  1999年,《铁路驼峰及调车场设计规范》(TB 10062—1999)发布,它是我国铁路行业第一部以编组站驼峰和调车场设计为主的铁路站场专业重要设计标准。《铁路驼峰及调车场设计规范》(TB 10062—1999)对编组站驼峰及调车场平纵断面设计等进行了详细说明,形成了编组站驼峰设计方法理论体系,为驼峰及调车场设计提供了科学标准和技术支撑。

其中,在驼峰溜放部分线路平面设计方面,《铁路驼峰及调车场设计规范》(TB 10062—1999)对驼峰溜放部分线路平面、线束布置、溜放线数量、曲线半径、峰顶至第一分路道岔基本轨轨缝间距、溜放部分间隔制动位的设置、禁溜线、迂回线等作了详细规定,具体包括:

①线束布置。

驼峰溜放部分各线束内的线路数与调车场总线路数、每条线路的车流强度和性质以及驼峰作业量有关,各线束内的调车线宜设 6~8 条,线束分配方案根据调车线数量而有所差异,见表 1-9。

线束分配方案 表 1-9

调车线数量(条)	12	16	18	20	24	28	32	36	40	48
线束数量(束)及每束线路数量(条)	2×6	2×8	3×6	1×8+2×6	4×6	2×6+2×8	4×8	6×6	4×6+3×8	6×8

②溜放线数量。

驼峰溜放线数量一般根据调车线数量、线束数量、解体作业量和作业方式确定,见表 1-10。

驼峰溜放线数量 表 1-10

作业方式	调车线数量(条)	线束数量(束)	解体作业量(辆/天)	溜放线数量(条)
单溜放	5~22	1~3	2000 以下	1
	20~36	4~6	1800~4300	2
双溜放	33 以上	5 及以上	4000 以上	2

③曲线半径。

在不增加驼峰溜放部分长度的情况下,应采用较大的曲线半径,曲线半径不应小于 200m。仅当驼峰平面连接困难时,最后分路道岔后的连接曲线可个别采用 180m 的曲线半径。

道岔后连接曲线应避免设同向或反向曲线。必须设置时,两曲线间应设置不小于 15m 的直线段,困难条件下,可设置不小于 10m 的直线段。

④溜放部分间隔制动位设置。

驼峰溜放部分设有间隔制动位时,减速器的设置应符合下列要求:

a. 设一级制动位时,应设两台减速器,其制动位宜设于线束始端。

b. 设两级制动位时,第一制动位可设一台或两台减速器,应设于第一分路道岔和第二分路道岔之间;第二制动位应设两台减速器,并应设于线束始端。

c. 两相邻线束减速器始端的线路中心线的最小距离应根据减速器类型确定。

d. 溜放部分的减速器应设在直线上,其始、末端至相邻曲线的最小直线段长度应满足减速器结构安装的要求。

在驼峰线路纵断面设计方面,《铁路驼峰及调车场设计规范》(TB 10062—1999)对驼峰峰高、溜放区坡段组成、驼峰纵断面各坡段的竖曲线半径设置等作了详细规定,具体包括:

①驼峰峰高。

驼峰溜放部分设调速设备的驼峰峰高应保证在溜车不利条件下,以 1.4m/s 的推峰速度解体车列时,难行车溜至难行线的计算点达到该调速系统规定的速度。计算点的位置根据驼峰所采用的调速系统种类确定。

驼峰溜放部分不设调速设备的驼峰峰高应保证在溜车有利条件下,以 1.4m/s 的推峰速度解体车列,调车线始端不设减速器时,易行车溜至易行线警冲标处的速度不大于 5m/s;调车线始端设减速器时,易行车溜至减速器处的入口速度不应大于其制动能高允许速度。

②溜放区坡段组成。

驼峰溜放部分线路纵断面宜设计为面向调车场的下坡,一般由加速坡、中间坡、道岔区三个部分组成,各坡段设计应符合以下要求:

a. 加速坡的坡度使用内燃机车时不应大于 55‰,使用蒸汽机车时不应大于 40‰。困难条件下不应小于 35‰。加速坡与中间坡的变坡点宜设在第一分路道岔基本轨前。

b. 中间坡可设计成一段坡至三段坡。溜放部分不设减速器时,其坡度不宜小于 5‰;溜放部分设减速器时,其坡度不宜小于 8‰,寒冷地区应适当加大。

c. 道岔区坡可设计成一段坡或二段坡,平均坡度不宜大于 2.5‰,边缘线束不应大于 3.5‰。在最后分路道岔后可设计为下坡,也可设计为平坡或 0.6‰ 的反坡。坡段长度不宜小于 50m。

③各坡段竖曲线半径设置。

连接驼峰线路各坡段的竖曲线半径,峰顶邻接加速坡应为 350m,邻接压钩坡不应小于 350m,其余溜放部分不应小于 250m,迂回线不应小于 1500m。

《铁路驼峰及调车场设计规范》(TB 10062—1999)给出了点式、连续式及点连式调速系统的驼峰峰高计算公式,以及溜放区纵断面坡度选择范围等。以我国铁路大多数自动化驼峰所采用的"减速器+减速顶"的点连式驼峰为例,设间隔制动位时,其驼峰峰高应保证在溜车不利的条件下,以1.4m/s的推峰速度解体车列时,难行车自由溜放至难行线打靶区末端时仍有1.4m/s的速度。其峰高按式(1-5)计算:

$$H_{峰} = \left[L_{溜}(r_{基}^{难} + r_{风}^{难}) + L_{场}(r_{基}^{难} + r_{风}^{难}) + 8\sum\alpha + 24n \right] \times 10^{-3} + \frac{v_{挂}^2 - v_{推}^2}{2g_{难}'} \quad (1-5)$$

式中:$L_{溜}$——峰顶至难行线目的制动位入口的距离,m;

$L_{场}$——目的制动位入口至打靶区末端的距离,m;

$r_{基}^{难}$——不利溜放条件下,难行车的单位基本阻力,N/kN;

$r_{风}^{难}$——不利溜放条件下,难行车的单位风阻力,N/kN;

$\sum\alpha$——峰顶至难行线车场制动位范围内的曲线、道岔转角之和;

n——峰顶至难行线车场制动位范围内的道岔个数;

$v_{挂}$——安全连挂速度,m/s,一般取1.4m/s;

$v_{推}$——推峰速度,m/s,一般取7km/h;

$g_{难}'$——难行车考虑了转动惯量影响的重力加速度,m/s²。

2006年,《铁路车站及枢纽设计规范》(GB 50091—2006)在编组站驼峰的平面设计方面,对线束布置、曲线半径、峰顶至第一分路道岔基本轨轨缝间的最小距离、驼峰推送线设置等参数作出了详细规定;在编组站驼峰纵断面设计方面,对驼峰高度、加速坡、中间坡及道岔区的坡度、驼峰各坡段的竖曲线半径等相关参数作出了具体规定。

重载列车的开行和大轴重货车的广泛应用对编组站驼峰设计提出了新的要求,针对货车大型化的驼峰设计研究也在不断开展。张红亮分析了传统驼峰设计"三难条件"中各因素对驼峰设计的影响,研究了"基于三难条件出现概率"的难行车质量确定方法,并提出相对应的节能型驼峰高度设计方法和纵断面改造设计方法,为我国未来编组站驼峰的改造工作提供了理论支持。李荣华等分析了既有驼峰设计中存在的问题,并从车辆单位基本阻力标定、设计气候条件选取、计算车辆类型选定、驼峰平纵断面优化等方面提出相关建议,为驼峰设计适应大型货车解体溜放提供了参考。安迪等对27t轴重货车基本参数和溜放试验概况进行了分析,提出了适应27t轴重货车溜放作业条件的驼峰平面、纵断面和峰高设计方法,并设计了27t轴重货车溜放综合试验对设计方法进行验证。

近年来,铁路货车车辆技术在不断发展,驼峰及调车场调速控制技术和设备也在不断更新。为满足铁路建设和发展的需要,统一铁路驼峰及调车场设计的技术标准,2018年12月,在对第一版规范全面修订的基础上,国家铁路局发布《铁路驼峰及调车场设计规范》(TB 10062—2018)。《铁路驼峰及调车场设计规范》(TB 10062—2018)全面总结了1999年以来铁路驼峰设计、施工、运营的实践经验,采纳了多项试验成果,结合近年来铁路货车车辆技术的发展和驼峰调车场调速控制技术的更新,对《铁路驼峰及调车场设计规范》(TB 10062—1999)进行了修订和完善。《铁路驼峰及调车场设计规范》(TB 10062—2018)按照技术先进成熟、安全可靠、经济适用的原则,在驼峰设计依据资料方面,对驼峰设计计算车辆类型和风速计算公式进行了修改,修订了滚动轴承货车基本阻力计算模型和单位基本阻力计算公式;在驼峰平面设计方面,优化了加速坡地段的曲线半径、第一分路道岔岔前直线段长度等相关内容;在驼峰峰高设计方面,取消了设计驼峰溜车方向与当地冬季主要季风方向相反情况下峰高计算值增加10%的规定。《铁路驼峰及调车场设计规范》(TB 10062—2018)紧紧把握铁路技术政策和发展方向,充分体现了驼峰设计标准的前瞻性、系统性、先进性、实用性和安全性。

(3)我国普速铁路编组站驼峰调速控制研究与发展现状。

我国从20世纪50年代开始,开展了相关的科学研究;20世纪60年代中期,进入溜放速度自动化控制研究阶段;从20世纪70年代开始,对驼峰调车场溜放速度自动化控制进行了大量试验和研究;经过努力钻研,于20世纪70年代末期,在丰台西编组站建成了第一座半自动化驼峰,实现了驼峰调车场溜放速度半自动化控制。

20世纪70年代末期到80年代中期是我国驼峰调车场溜放速度自动化控制的起步阶段,也是相关设备和理论知识发展速度最快的阶段。科研理论与工程实际的有效结合,使得自主研发的驼峰调车场调速设备——减速器和减速顶逐步成熟稳定。我国提出并且成功实现了适用于我国车辆溜放作业的"减速器 + 减速顶"的点连式调速系统。20世纪80年代初,"减速器 + 减速顶"的点连式调速系统正式通过铁道部鉴定,投入生产使用。"减速器 + 减速顶"的点连式调速系统在Ⅰ、Ⅱ、Ⅲ制动位采用减速器进行间隔制动及目的制动。减速器作业灵活,可以适应路网性编组站车流性质复杂、解体能力大的要求。调车场内的目的调速主要采用减速顶,可以充分发挥减速顶连挂率高、运营效果好的优点。点连式调速系统发挥了点式与连续式两种调速系统的优点,又互相弥补了各自的不足,既保持了减速器调速的机动灵活性,又发挥了调车线内用减速顶连续调速安全连挂率高的优点。在运营上点连式调速系统能够适应复杂的钩车组合条件,它的解体能力比点式或连续式调速系统的解体能力大,且有较好的经济效益。20世纪80年代末期,郑州北编组站驼峰溜放速度自动化控制系统通过国家验收,标志着我国进入编组站自动化技术的新阶段。自 20 世纪 90 年代中期起,我国驼峰调车场溜放速度自动化控制技术飞速发展,相关减速顶、减速器等调速设备迅速普及,在驼峰调车场溜放速度自动化控制系统中发挥了重要作用,使得路网性和区域性编组站综合作业能力大幅提高。

在驼峰溜放速度自动化控制研究过程中,主要存在以下两类问题:

①溜放速度偏大。

车辆在溜放过程中速度过大可能导致车辆运行进入道岔导曲线时轮轨间横向作用力较大,严重时会引起车辆悬浮甚至车轮轮缘爬上尖轨,从而引发车辆脱轨。

②调速方式不当。

长车组在溜经缓行器时,如果不采用让头拦尾的制动减速方式,而对前部和中部车辆调速则会导致车列中后部车辆产生惯性冲动,从而使车辆悬浮甚至车轮轮缘爬轨而导致脱轨。

为解决上述问题,国内学者在驼峰调速设备与系统、调速控制方法等领域开展了一系列深入研究,取得了以下丰硕的研究成果:

①驼峰调速设备与系统。

驼峰调速设备种类繁多,涉及减速设备、加速设备和加减速设备等。其中,车辆减速器由于调速能力强、设备安置集中的特点成为驼峰调速设备的重要组成部分。

在 20 世纪 70 年代以前,我国铁路调车场主要依靠铁鞋对车辆进行制动。但铁鞋制动存在诸多问题:易发生追钩和撞车事故,工作人员劳动强度和危险性都比较高,而且制动时铁鞋对钢轨和车轮踏面会造成比较严重的磨耗。

为了解决铁鞋制动存在的问题,我国开始研制驼峰车辆减速器,并在 1966 年研制出了 T·JY 型液压重力式车辆减速器。T·JY 型液压重力式车辆减速器的原理是采用浮动的基本轨,通过车辆减速器将车辆的重力转化为制动夹板对火车车轮的侧压力,减速器对车辆的制动力大小与车辆自身的重力成正比。1976 年,我国研制出了 T·JK 型非重力式车辆减速器。1985 年后,我国又陆续研制出了 T·JK1-A(B)、T·JK1-C、T·JK2[图 1-22a)]、T·JK2-A、T·JK3 和 T·JK3-A 型气动重力式车辆减速器。进入 21 世纪后,我国成功研制了 T·JCD 型电动重力式车辆减速器和 T·JDY 型液压非重力式车辆减速器[图 1-22b)]。

以上减速器均为钳夹式减速器,其结构较为简单,容易制造和控制,但其制动效果受车轮表面状态和直径影响较大。除研制钳夹式减速器外,我国铁路也在研究一些非钳夹式制动装置,如减速顶。减速顶(液压式减速单元)源于英国,是一种无需外部能源,无需外部控制,可简便实现车辆溜放速度自动控制的设备,具有灵敏度高、性能良好、维修简便的优点。在了解到英国减速顶的信息后,为进一步实现车辆的安全连挂,我国进行了技术攻关,自行研制了我国第一代减速顶,命名为T·DJ型减速顶,其主要技术参数见表1-11。

a) T·JK2型气动重力式车辆减速器　　　　b) T·JDY型液压非重力式车辆减速器

图1-22　T·JK2型气动重力式减速器与T·JDY型液压非重力式减速器

T·DJ型减速顶主要技术参数　　　　　　表1-11

型号	临界速度(m/s)	最高限制速度(km/h)	制动功(t·m/轮次)	环境温度(℃)
T·DJ	0～5	25	0.100～0.135	-40～+45

在T·DJ型减速顶研制成功后,铁道部正式批准成立哈尔滨铁路局减速顶调速系统研究中心,负责全路减速顶系统的研发、设计、生产、安装和服务工作。经过多年的研发、应用实践,目前我国减速顶已从最初的单一产品发展到现在的十几类不同功能和用途的系列产品,并在减速顶的基础上,根据不同驼峰情况研制出驼峰点连式调速系统、驼峰全顶调速系统等多项驼峰自动化调速系统,其中多项为国内外首创。我国减速顶及调速技术达到了世界先进水平,不仅在国内铁路多个编组站,而且在波兰、俄罗斯、美国等国家的铁路驼峰调车场得到了广泛应用。

随着减速器和减速顶等调速设备的持续进步,我国的编组站驼峰调速系统也处在不断发展的过程中。我国大、中型编组站的特点是衔接方向多、解体车辆数多、解体车流性质较为复杂。在20世纪80年代前后,许多学者针对编组站自动化驼峰调速系统选择做了许多相关研究,主要研究对象包括点式、连续式和点连式驼峰调速系统等,各类型驼峰调速系统特点见表1-12。结合我国各类型编组站的运营条件和作业特点,确定点连式驼峰是适合我国大中型编组站驼峰的一种调速系统。对于中小能力驼峰,可选择的调速系统和设备则相对较多,如微机可控顶自动调速系统、驼峰全减速顶调速系统或股道全减速顶调速系统、微机控制连续式调速系统等,需根据驼峰的具体情况进行选用。

各类型驼峰调速系统特点　　　　表1-12

类型	调速设备	优点	缺点	适应条件
点式	减速器	操作方便,作业效率高,溜放速度快	对于特殊车辆制动力低,电子控制设备多,成本较高,维修难度大	调车线有效长较短,车辆阻力离散度小的大中能力驼峰
连续式	减速顶	安全连挂率高,调速设备单一,操作简单,运营成本低	对车辆的磨损较大,列车解体速度较慢	作业量小、车流相对单一的中小能力驼峰
点连式	减速器减速顶推送小车	兼具集中点式和连续式调速的优点,溜放速度快	设备种类繁多,技术作业复杂,增大运营维修技术难度	可运用于不同能力的驼峰

目前,我国编组站驼峰大多采用三级制动位的点连式驼峰,溜放车辆从峰顶平台出发溜放至最终停车点的过程中,在驼峰纵断面上依次需要经过加速区、高速区、减速区和打靶区四个区段,如图1-23所示。

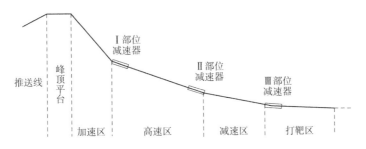

图1-23　点连式驼峰纵断面图

点连式驼峰调速系统三部位减速中,Ⅰ部位和Ⅱ部位减速器主要负责间隔制动,Ⅲ部位减速器主要负责目的制动。各部位减速器制动能力应按下列条件进行确定和分配:

a. 减速器的总制动能力应使易行车在溜车有利条件下以 1.9m/s 的推送速度解体车列时,经间隔制动位全部制动后,溜入易行线警冲标处的速度不应大于 1.4m/s。

b. 当溜放部分设两级制动位时,其第Ⅰ、Ⅱ部位的制动能力按下列要求分配:应使易行车在溜车有利条件下以 6.3~7.0m/s 的入口速度进入Ⅱ部位,经全制动后,进入易行线警冲标处的速度不应大于 1.4m/s。Ⅰ部位的制动能力应达到以下要求:当停用一台时,易行车在溜车有利条件下,以 1.9m/s 的推峰速度解体车列时,溜入Ⅱ部位的入口速度不应大于其允许的入口速度。

c. 连挂区采用减速顶作调速设备时,连挂区始端可设小顶群。顶群区后连挂区段均匀布顶,并根据夏季溜车有利条件、易行车在连挂区各坡段做匀速运动的要求计算布顶数量和密度。

②驼峰调速控制方法。

对驼峰溜放车辆速度自动控制方法的研究,其关键就是对减速器出口速度的确定。减速器出口速度的确定方法因减速器的任务和目标有所不同,Ⅰ、Ⅱ部位减速器的主要任务是间隔制动,Ⅲ、Ⅳ部位减速器的主要任务是目的制动。前者的着眼点放在保证间隔上,主要方法有查表定速法、公式计算法。其中,公式计算法包括一元三次方程求解法、迭代计算法、分步计算法、速差计算法、能高计算法、反推算法等;后者的着眼点放在确定钩车走行阻力(包括前测后用)和处理阻力与速度的相互关系上,主要方法有积分计算法、速度增量迭代法、分段计算法、两次修正法、货车追踪求解法、迭代计算法、超越方程求解法等。许多专家和学者都把提高驼峰溜放速度自动控制的精确程度作为提高驼峰解编效率的重要突破口进行重点研究,这一过程涌现出了许多优秀的研究成果,对进一步提高调速控制的准确性和驼峰自动化水平起到了积极的促进作用。

驼峰溜放部分间隔调速确定减速器出口速度的基本方法是查表法。该方法的原理是通过驼峰上设置的测重设备得出溜放车辆的重量,测长设备测出车辆的溜放距离,结合溜放车组大小、前后钩车走行性能与减速器最大容许入口速度等数据,将溜放车辆按照上述各种参数进行分级,根据不同情况、不同等级,运用溜放物体的动力学公式得出车辆在减速器的出口速度,在表中查找该速度对应的应该施加给车辆的制动力,来控制溜放车辆的速度。通常我国将车辆按质量分为四个等级:一级车质量≤23t,23t<二级车质量≤40t,40t<三级车质量≤55t,四级车质量>55t。除了质量因素,目的制动还与三部位出口股道空闲长度有关。以南翔编组站下行驼峰自动化系统的减速器出口定速表为例,表 1-13 和表 1-14 分别为该编组站驼峰

Ⅰ部位减速器出口定速表和Ⅱ部位减速器出口定速表。

Ⅰ部位减速器出口定速表（单位：km/h）　　表 1-13

速度等级	1 级	2 级	3 级	4 级
计算速度	20.0	19.0	18.0	18.0

Ⅱ部位减速器出口定速表（单位：km/h）　　表 1-14

质量等级	1 级	2 级	3 级	4 级
0~100	15.0	14.5	14.0	14.0
101~200	15.5	15.0	14.5	14.5
201~250	16.5	16.0	15.5	15.5
251~550	18.0	17.5	17.0	17.0
551~650	19.0	18.5	18.0	18.0

现场作业时，驼峰作业人员通过车辆重量等级、三部位出口股道空闲长度确定各部位减速器出口定速，并根据气候条件和实际情况做少量修正，作为减速器实际出口速度。

另一种常用的间隔调速控制方法——等时间间隔法是由美国联合信号公司研究的间隔调速方法。其基本思想是：要求所有车辆自峰顶溜放到某一间隔制动位入口处的溜行时间都等于某一参考车辆难行车在该区段上的溜行时间。以下以Ⅰ间隔制动位为例来说明等时间间隔调速的原理。

假设 t_{0-1} 为车辆自峰顶溜放至Ⅰ部位入口处的时间，t_1 为车辆在Ⅰ部位减速器上的走行时间，t_{1-2} 为车辆从Ⅰ部位出口到Ⅱ部位入口的走行时间，t_{ref} 为参考车辆自峰顶溜放到Ⅱ部位入口处的时间，根据等时间间隔调速的原理可得：

$$t_{0-1} + t_1 + t_{1-2} = t_{ref} \tag{1-6}$$

根据车辆溜放动力学及力学原理可推导出式（1-7）和式（1-8）：

$$t_1 = \frac{2L_1}{v_{1in} + v_{1out}} \tag{1-7}$$

式中：L_1——Ⅰ部位减速器长度，m；

v_{1in}——Ⅰ部位入口速度，m/s。

$$t_{1-2} = \frac{2L_{1-2}}{v_{1out} + \sqrt{v_{1out}^2 + 2g'(i_{1-2} - w_{1-2})L_{1-2}}} \tag{1-8}$$

式中：L_{1-2}——Ⅰ、Ⅱ部位之间的距离，m；

i_{1-2}、w_{1-2}——Ⅰ、Ⅱ部位之间的坡度的溜放阻力,N/kN;

g'——修正后的重力加速度,m/s²;

$v_{1\text{out}}$——Ⅰ制动位出口定速,m/s。

将式(1-7)和式(1-8)代入式(1-6)可得:

$$t_{0-1} + \frac{2L_1}{v_{1\text{in}} + v_{1\text{out}}} + \frac{2L_{1-2}}{v_{1\text{out}} + \sqrt{v_{1\text{out}}^2 + 2g'(i_{1-2} - w_{1-2})L_{1-2}}} = t_{\text{ref}} \quad (1\text{-}9)$$

这就是等时间间隔调速的基本公式,可由此式求出Ⅰ部位的出口定速$v_{1\text{out}}$。

与查表定速法相似,式(1-9)中也有溜放阻力w_{1-2}项,由于阻力测量精确度不高,美国联合信号公司采用系统校正的办法来解决,其方法是:测量并记录车辆在减速器前后自由溜放区段上的实际阻力,按不同的重量等级、气象条件等分别进行线性回归,获得一组计算预估阻力的校正曲线。

$$w = a w_{0-1} + b \quad (1\text{-}10)$$

式中:a、b——相关系数;

w_{0-1}——Ⅰ部位前的溜放阻力,N/kN。

控制时,根据减速器前测得的溜放阻力即可预估减速器后的溜放阻力w_{1-2},代入式(1-9),即可求得Ⅰ部位的出口定速$v_{1\text{out}}$。同理,可以求出Ⅱ部位的出口定速。

中国铁道科学研究院通信信号研究所提出的等时间间隔调速法的原理与上述等时间间隔法相同,不同之处为要求所有车辆自峰顶溜放到最后分路道岔处的溜行时间都等于某一参考车辆(难行车)在该区段上的溜行时间。

然而,传统间隔调速方法仍存在一定缺陷,包括:

a. 采用查表法进行间隔调速时,缺乏对于前、后车辆间实时间隔的精确考虑。当间隔紧张时,可能导致控制效果不好,且出口定速是一次性确定的,不能随溜放状态的变化而变化。溜放过程是一个复杂的、受众多因素影响的过程,溜放状态随时都在发生变化。若变化较小,采用一次性定速对控制效果影响不大;但若变化较大,而车辆出口定速不做相应调整,则可能达不到期望的控制效果,甚至造成追钩等问题。

b. 采用等时间间隔法进行间隔调速时,虽考虑了溜放条件的变化以及前后车辆的溜放时间间隔,但其不足在于:要求前后钩车溜到某减速器或最后分路道岔间隔时间与峰顶间隔时间相同,虽然在这一减速器或最后分路道岔上前后钩车达到一种较好的理想状态,但是由于点连式调速系统对钩车的控制只能在Ⅰ、Ⅱ部位两处实施,不可能存在前后钩车溜到各分路道岔及减速器都是等间隔的状态。因此,要求在某一减速器或最后分路道岔上等间隔可能造成在其他减速器或分路道岔上更大的不等间隔,对钩车溜放追踪间隔时间产生更大的不利影响,进而降低推峰速度,减弱驼峰解体能力。

针对查表法等传统定速方法存在的问题,国内学者开展了众多研究,采取各种方法对驼峰溜放调速控制模型进行优化。李海鹰等分析了查表法存在的缺陷,通过查阅相关数据资料,选择运用符合计算机运算特点的逐次逼近法,对车辆在驼峰溜放过程中的动能变化进行模拟研究。姚精明对查表法、等时间间隔法等传统一次性定速方法的缺陷进行了分析,提出应用模糊控制和神经网络理论构建仿人的动态出口定速模糊神经网络模型,将影响间隔调速的因素模糊化,通过对样本数据的训练、学习和自适应,能够比较精确地确定Ⅰ、Ⅱ制动位的出口速度。

包振峰给出了自动化驼峰间隔制动和目的制动速度控制模型。间隔制动出口速度控制过程以Ⅱ制动位出口速度控制为例,根据车组平均质量等级、车组目标股道、Ⅱ、Ⅲ制动位高差、曲线转角、进路上道岔数量及Ⅲ制动位入口速度不超过18km/h(5m/s)等要求按给定公式进行计算。Ⅲ制动位减速器出口速度控制则是依据溜放车组在正常情况下的运动规律进行数学建模并拟合计算而得。在此基础上,根据现场的实际情况和系统采集信息进行人工或系统自动修正。

许鸿飞分析了驼峰溜放车辆所受到的各种力,研究了驼峰溜放钩车在Ⅲ部位减速器出口的速度计算方法,对溜放钩车的速度使用微分方程进行分析,运用数学的方式得出了一个计算Ⅲ部位计算器出口的速度方程,并运用计算机仿真技术对驼峰溜放钩车的走行过程进行了实例验证,得到了较好的效果。但是该论文只是分析了单个车辆的受力,对于从驼峰溜放的大车组没有考虑。

张春民研究了驼峰纵断面的设计过程中的影响因素,对溜放过程中的风速、气候、道岔、车型、溜放线路等因素,运用多目标求解函数研究了"减速器＋减速顶"的点连式调速系统在驼峰溜放坡的布置位置、减速器的数量等。邵琪栋指出驼峰调速控制本质上就是确定三级制动位的出口速度,对传统的间隔调速方法——等时间间隔法进行改进,并对改进的等时间间隔法进行演算推导,验证改进的等时间间隔法进行间隔调速的有效性。对于目的制动,根据车辆在调车场所需的连挂速度反推Ⅲ制动位的出口速度,最后利用实际案例验证模型的可行性。

代晓明对车辆在驼峰溜放的运动过程进行了精细化研究,精确分析了车辆的受力情况,构建了车辆溜放过程的速度、位移计算模型。同时,在Ⅱ制动位进行调速时,考虑让Ⅱ制动位兼顾目的制动的功能,优化驼峰调速配置,得到的出口速度使得车辆溜至停车点的速度接近安全连挂速度,从而可以减少Ⅲ制动位减速设备的数量。

此外,随着重载运输的发展,新型大轴重车辆不断投入使用。2006 年,铁道部将 21000 辆载重 70t 的 23t 轴重货车投入运营;2012—2014 年,中国铁路已建成 27t 轴重货车标准体系和技术平台,并由中国铁道科学研究院牵头在 2013 年和 2015 年组织开展了 27t 轴重重载列车编组站驼峰溜放综合试验,发现既有驼峰对于 27t 轴重货车溜放作业存在一系列不适应情况,如车辆减速器性能与安全裕量下降,Ⅰ、Ⅱ部位减速器间隔调整难度增大,调车线内无顶区车辆超速走向导致的超速连挂,等等。因此,考虑大轴重货车溜放对既有驼峰调速系统进行优化改造成为新的研究课题。

官振冲针对传统间隔调速方法对 23t 轴重货车溜放速度控制存在的缺陷,提出一种改进的等间隔余量模型,通过计算机模拟手段验证了模型的准确性,有助于解决 23t 轴重货车溜放的间隔制动问题。张凯依据 27t 轴重货车驼峰溜放试验情况,对比分析了 27t 轴重货车与既有货车在溜放基本阻力与各部位减速器出口速度等方面的差距,并根据 27t 轴重货车的结构参数,从经济效益和技术能力方面分析采用增加Ⅳ部位车辆减速器的"点点连式"调速系统对解决 27t 轴重货车溜放作业存在问题和提高驼峰解编效率的优势。施卫忠等针对既有驼峰对于 27t 轴重货车溜放作业不适应的问题,提出增加各部位减速器制动能力和在调车线内增设Ⅳ部位减速器两种驼峰改造方案,并通过构建仿真测试平台对两种方案进行比较。仿真结果表明,第二种方案对于提升溜放效率和安全连挂率有更为明显的优势。

1.3.3 我国大轴重货车编组站驼峰溜放问题分析

货车轴重是重载铁路的主要指标之一,我国铁路货车在经历了 20 世纪中期的 18t 轴重、20 世纪 70 年代末的 21t 轴重、21 世纪初的 23t 轴重等发展阶段以后,开始研究并推广 27t 轴重通用货车在既有线上的应用。但 27t 轴重通用货车的推广应还有很多问题需要解决,其驼峰溜放问题就是难题之一。

1)大轴重货车特性分析

27t 轴重货物车辆的载重量为 80t,与目前国内主型货车(C_{70})相比增加 10t,提高 14.3%;该车自重 26t,总重达 106t,与既有主型货车(C_{70})相比增加 16t,提高 17.4%,该车容积为 92m³。各轴重货车基本参数见表 1-15。

各轴重货车基本参数 表 1-15

序号	结构类别	C_{64}	C_{70}	P_{70}	C_{80}	P_{80}	NX_{70}	NX_{80}
1	轴重(t)	21	23	23	27	27	23	27
2	载重(t)	61	70	70	80	80	70	80
3	自重(t)	23	23.8	23.8/24.8	25.8/26.0	28	23.8	27
4	全长(mm)	13430	13976	17066	13976/14486	19066	13996	13966
5	轮径(mm)	840	850	850	915	915	840	—
6	宽度(mm)	—	3240	3300	3190	3260	317	3190
7	高度(mm)	—	3143	4770	3500/3520	4770	—	—
8	容积(m³)	73.3	77.0	145.0	91.6	168.0	—	—
9	换长	1.2	1.3	1.6	1.3	1.8	1.3	—
10	每延米重(t/m)	6.25	6.71	5.55	7.55	5.66	6.7	7.66

(1)外形尺寸增大。

23t 轴重的货运主型车 C_{70}、P_{70} 分别较 21t 轴重的 C_{64}、P_{64} 长度增加 538mm、636mm。27t 轴重货车 C_{80} 的长度、宽度与 C_{70} 基本一致,高度有所增加,C_{80} 较 C_{70} 增加了 350mm,幅度较大。C_{80} 在有限的长、宽、高范围内实现了煤炭运输的 80t 载重,根本原因是其采用了特殊的浴盆式设计,通过车体在底部的两处浴盆形状的外凸,扩大了装载的容积。但该型货车的这种设计对线路条件和列车运行的平稳性要求较高,难以在既有线大面积推广,按通用设计的 27t 轴重敞车通过增加外形尺寸的方式适应煤炭货物特性。外形尺寸增加,可能影响货车装载货物时的重心和偏移量,对其安全性产生一定影响。

27t 轴重货车 P_{80} 的宽度、高度与 P_{70} 基本一致,长度有所增加——P_{80} 较 P_{70} 增加了 2000mm。27t 轴重棚车长度明显增加,基本上达到了小半径曲线对轴距的最大要求;在宽度和高度上的变化不大,甚至高度上还有所降低。这种调整主要是为满足密度相对较低货物装载需要,目的是提高单位长度上货车装载效率。

(2)每延米载重及轴重增加。

27t 轴重货车与 23t 轴重货车相比增加了载重,相同车型情况下其标记载重从 70t 上升到 80t。敞车的每延米重从 6.71t 上升到了 7.55t,棚车的每延米重从 5.55t 上升到了 5.66t,增幅分别达到了 12.5% 和 1.98%。棚车每延米重仅提高了 0.11t,且部分源于自重的增加。虽然单车装载量有所增加,但对于整个固定编组长度的列车而言,其扩能效果难以直接体现。

NX_{80}的每延米重从6.7t上升到了7.66t,增幅达14.3%,货车每延米载重提高显著。无论是对单车还是整个固定编组长度列车,尤其是对整个固定编组长度列车而言,如装载方式上无限制,其扩能效果甚至要优于敞车。

27t轴重货车分别较既有21t、23t轴重货车轴重增加28.6%、17.4%,在相同速度下,其动能也具有同样增幅;要想达到相同的预期控制速度,要求减速设备制动力同比例增加。此外,货车轴重增加进一步扩大了驼峰设计与作业控制范围。与21t、23t轴重时驼峰控制范围22~84t、22~94t相比,27t轴重货车与既有货车混合编组后,驼峰控制范围为22~108t,分别较21t、23t轴重时的控制范围增加38.7%、19.4%。

货车轴重增加和外形尺寸变化后,其基本阻力、风阻、附加阻力等基本参数变化,货车本身动力学性能将发生变化。其在直道(含有缝轨道)、上下坡道、曲线等位置安全性指标和平稳性指标的计算方式及既有规范需要重新测算。同时,由于车组质量的增加,车组在不同类型驼峰解体时,减速器的制动能力、减速顶的制动能力、防溜装置的参数设定等也都需要进行动力学参数测算和安全性验证。

(3)车轮轮径增大。

27t轴重货车车轮直径为915mm,与既有的23t轴重货车850mm车轮直径相比,直径增加65mm,增幅达7.64%。根据已有研究成果,车轮直径的增大将使减速器制动轨与车轮接触位置"相对下移",同时,在施加相同制动力的情况下,减速器制动效果将降低。

2)大轴重货车编组站驼峰溜放问题

(1)车辆动能增大,制动力不足。

首先,目前重载货物车辆普遍采用大直径车轮的技术设计方案,对于减速顶来说,车轮直径增大将使得溜放重载车辆对现有调速设备的磨耗增大,造成制动性能下降。车轮直径增大将使轮轨接触斑随之增大,在相同载荷下,轮轨接触应力有所降低,钢轨接触变形有所减小,车辆滚动时的摩擦阻力也将降低,即车辆单位基本阻力将有所降低。通过溜放试验数据也能分析得出重载车辆在溜放过程中的基本阻力略有下降,导致其在溜放过程中的动能加大,不利于调车场连挂区调速控制。如果不能及时对现有运行的调速设备进行改进来提高其制动性能,则重载车辆在溜放过程中存在追钩、侧撞、超速连挂等安全风险。

其次,为了提高作业效率,目前我国编组站自动化系统的制动大多采用"放头拦尾"的方法。由于大轴重货车基本采用提速动态平衡轮,这种轮辋整体碾制,硬度高、摩擦系数较小,而且侧面经过处理,粗糙度降低,与油轮车的车轮情况类似,直接影响各部位减速器的制动效果,从而造成调速系统对大轴重货车制动能高不足,易发生超速现象。特别是单钩大轴重车辆由于没有普通车辆弥补制动力的不足,更易发生超速现象。

以丰台西站驼峰数据为例,27t 轴重货车基本阻力统计表见表 1-16。

丰台西站驼峰 27t 轴重货车基本阻力统计表　　　表 1-16

车辆性质	钩数	最大基本阻力 (N/kN)	最小基本阻力 (N/kN)	平均基本阻力 (N/kN)	均方差 (N/kN)
重	83	2.90	0.53	1.19	0.52
空	84	2.96	0.51	1.36	0.59
混合	167	2.96	0.51	1.27	0.56

丰台西站下行空重混编车溜放试验测试分析表明,既有重力式减速器下,新型空重混编车控制均得到有效控制,控制系统对新型空重混编车控制与既有车未发现明显差异。另外,可以分析得出,既有调速系统制动能力不足不是因为调速设备的制动力降低,而是因为溜放车辆的动能加大。

27t 轴重试验对调车场典型车辆走行速度进行实测统计,其中某钩单辆重车和某钩 10 辆重车调车场走行速度趋势分析见表 1-17。

某钩单辆重车和某钩 10 辆重车调车场走行速度趋势　　　表 1-17

序号	车辆性质	股道	辆数	总重(t)	Ⅲ部位出口速度(km/h)	Ⅳ部位出口速度(km/h)	Ⅳ部位后走行最高速度(km/h)	入停车器速度(km)
1	重	30	1	108	11.50	5.70	6.78	6.58
2	重	30	1	108	11.10	5.00	6.29	5.99
3	重	29	1	108	11.90	6.50	7.30	7.39
4	重	29	1	108	11.20	6.70	7.93	8.05
5	重空	30	24	1444	5.50	5.50	5.10	3.62
6	重空	29	24	1444	4.80	5.10	7.28	4.68
7	重	29	10	1080	10.70	6.00	6.22	6.35
8	重	30	10	1080	10.70	6.30	6.22	5.74

根据表 1-17,重车走行速度高于 5km/h 标准的安全连挂速度,偏高 1.5~2.5km/h,在车辆通过各部位车辆减速器以及减速顶的通过速度不变的情况下,单辆重车总重量增加近 20%,车辆动能也同样加大近 20%。基于此,一方面必然需要对车辆减速器设备进行适应性改进或者在安全连挂区域内合理增加顶群数量。另一方面,重载车辆在溜放过程中的动能增加,使得车辆在溜放过程中对各部位车辆减速器以及减速顶部件产生了极大的冲击和磨耗,缩短了设备的使用周期,从而增加了设备单位的维修保养费用,甚至在设备运用中会危及调车安全。

(2)调速系统未能有效识别大轴重货车。

我国铁路驼峰编组场解体溜放车辆的调速系统分为连续式和点连式两种模式,主要的调速设备为车辆减速器与减速顶。目前的驼峰自动化调速系统将货车按质量划分为 4 个制动等级,分别为 0~20t,21~40t,41~60t 和 61~80t,而 27t 大轴重货车满载可达 106t,超过最高等级 80t 的 17.5%,调速系统尚未考虑 80t 以上的重载车辆制动问题,造成调速制动力不足。

3)大轴重货车下的驼峰溜放纵断面设计与调速控制问题

(1)驼峰纵断面对大轴重货车的适应性问题。

随着重载货车车辆总重的提高,车辆的基本阻力逐渐减小。目前,我国重载货物列车从载重 70t 提高到 80t,轴重由 23t 提高至 27t。《铁路驼峰及调车场设计规范》(TB 10062—2018)对难、易行车的溜放采取以 23t 轴重货物列车作为上限的执行标准。然而,我国铁路编组大多数驼峰均修建于 20 世纪 90 年代前后,是以 21t 轴重货车为主型车进行设计的,既有驼峰纵断面难以满足 27t 轴重货车安全溜放需求。对于满载重车来说,单位基本阻力较小,驼峰峰高相对偏高,重载车辆存在调速控制困难、制动力不足的风险;对于空载棚车来说,受单位风阻力较大,又存在峰高不足的问题。

(2)驼峰调速控制对大轴重货车适应性问题。

《铁路驼峰及调车场设计规范》(TB 10062—2018)要求按 80t 车辆总重设计减速顶数量,而 23t 轴重货车满载达到 93.6t,27t 货车满载达到 106t,因此存在减速顶布顶数量不足问题。随着减速顶使用时间的增加,减速顶制动功会逐渐减弱,在一定程度上会影响溜放车辆的调速作用。同时,调车场内纵断面发生变形,与原设计标准不一致也会导致车辆发生超速。据测试数据,在减速顶布顶数量不足条件下,大轴重货车试验车辆超速比例达 50% 及以上。

对于调车场尾部防溜问题,根据 27t 轴重货车溜放试验,多数车站尾部防溜存在问题,部分大组车辆或混合车组溜放时出现溜出停车器之外的情况。因此,根据线路坡度和设备布置,当 27t 轴重货车大量投入运营时,大部分站需要加强编尾防护。

1.4 本章小结

与国外相比,虽然我国重载铁路发展起步较晚,但走出了一条中国特色的重载运输技术路线。我国通过修建大秦线、朔黄线、瓦日线等专用重载铁路的方式发展重载运输,通过多年的技术升级、站场及设备改造,总体技术也达到了世界先进水平。但专用重载铁路由于运输货物品类单一,货物运输组织相对简单,无解体、编组作业需求。普速铁路线路修建较早,采用的技术标准较低,重载化发展过程中存在大量问题需要解决,其中,大轴重货车驼峰溜放问题就是难题之一。因此,有必要对大轴重货车驼峰溜放纵断面设计及调速控制问题进行系统研究。

本章参考文献

[1] 田葆栓.世界铁路重载运输技术的运用与发展[J].铁道车辆,2015,53(12):10-19,5.

[2] 田葆栓.在变化的世界中推进重载铁路技术和运营(待续)——第11届国际重载运输大会综述[J].国外铁道车辆,2019,56(1):1-6.

[3] 吴家豪.国外铁路编组站[M].2 版.北京:中国铁道出版社,1982.

[4] 曹桂均.编组站综合自动化系统控制技术及其扩展应用的研究[D].北京:中国铁道科学研究院,2013.

[5] 萧鉴馨.国外最大的几个编组站[J].铁道科技动态,1983(12):33-35.

[6] 秦学,汪德模.计算机控制的联合太平洋铁路贝利西编组站[J].铁道运输与经济,1982(4):88-91.

[7] 铁道部清华大学第一期工程硕士班学员赴加拿大考察学习代表团.加拿大铁路运输的启示[J].中国铁路,2006(11):55-59.

[8] 杨建兵.世界铁路重载运输现状及对我国的启示[J].中外企业家,2019(18):97-98.

[9] 朱雨,石利刚,王健慧.面向智慧化的重载铁路发展研究[J].交通科技与经济,2021,23(4):59-64.

[10] 田葆栓.铁路重载 4.0——实现性能水平的突破(国际重载协会 2019 专题技

术研讨会)[J].铁道车辆,2020,58(3):18-22,5.
[11] 田葆栓.在变化的世界中推进重载铁路技术和运营(续完)——第11届国际重载运输大会综述[J].国外铁道车辆,2019,56(2):1-5.
[12] 钱立新.世界重载铁路运输技术的最新进展[J].机车电传动,2010(1):3-7.
[13] 谢小海.世界主要国家重载铁路运输的发展及其作用[C]//中国铁道学会.铁路重载运输技术交流会论文集.北京:中国铁道出版社,2014:5.
[14] 周宏业.澳大利亚的重载铁路[J].中国铁路,1990(4):1-3.
[15] 范振平,林柏梁.澳大利亚重载运输对我国铁路重载的借鉴[J].物流技术,2006(9):86-90.
[16] 铁信数据中心.巴西试运行超长重载列车[J].铁道货运,2008(6):31.
[17] 钱征宇,吕忠扬.南非铁路"蓝色列车"和重载技术考察研究综述[J].中国铁路,2024(2):12-19.
[18] WILLIE C,田葆栓.南非的重载运输[J].国外铁道车辆,2000(1):10-12,34.
[19] 许晓龙.大秦线重载列车制动能力研究[D].北京:中国铁道科学研究院,2023.
[20] 孙雁胜,于海军,魏玉光.大秦铁路重载列车"速密重"合理匹配研究[J].铁道运输与经济,2020,42(11):1-5,11.
[21] 丁茂廷.朔黄铁路重载运输技术发展策略研究[J].能源科技,2022,20(6):3-8.
[22] 徐磊.朔黄铁路重载列车组织方案研究[J].铁道货运,2017,35(1):10-15.
[23] 陈建伟,于海军,倪继娜.关于瓦日线货运增量对策探讨[J].铁道货运,2019,37(11):33-37,58.
[24] 左海路,张文山.浩吉铁路对国家能源集团煤炭运输影响的探讨[J].铁道货运,2020,38(1):18-22.
[25] 刘学.浩吉铁路货运增量制约因素及对策研究[J].铁道货运,2023,41(3):1-7.
[26] 胡亚东.我国铁路重载运输技术体系的现状与发展[J].中国铁道科学,2015,36(2):1-10.
[27] 邓立红.我国重载铁路运输通道发展研究[J].中国铁路,2020(8):70-75.
[28] 夏胜利,杨浩,张进川,等.我国重载铁路发展模式研究[J].铁道运输与经济,2011,33(9):9-13.
[29] 宋凤书.中国铁路重载运输和客货混运的基本技术与经济情况[J].铁道车

辆,2004(12):1-4,51.
- [30] 安路生.中国铁路运输新实践[M].北京:中国铁道出版社,2009.
- [31] 宁超.铁路既有线重载化改造相关问题研究[D].成都:西南交通大学,2012.
- [32] 姜雯.兰新线开行重载列车运输方案探讨与研究[D].北京:北京交通大学,2011.
- [33] 朱小军.既有线应用27t轴重货车运输组织问题研究[D].北京:北京交通大学,2013.
- [34] 杜旭升.铁路既有线发展重载运输的模式研究[J].铁道货运,2013,31(10):1-11,4.
- [35] 穆鑫.我国既有线运用27t轴重货车技术经济研究[D].成都:西南交通大学,2014.
- [36] 王军,许鸿飞.简谈TW-2型驼峰自动化系统的"减法作业法"[J].铁路通信信号工程技术,2019,16(12):14-18.
- [37] 甘雨.综合自动化系统在编组站的应用[D].成都:西南交通大学,2015.
- [38] 彭桢."CIPS"环境下成都北编组站能力协调研究[D].成都:西南交通大学,2017.
- [39] 国家铁路局,铁路驼峰信号及编组站自动化系统设计规范:TB 10069—2017[S].北京:中国铁道出版社,2017.
- [40] 刘其斌.开行5000t重载列车对编组站作业和能力的影响及其协调对策[J].北方交通大学学报,1995(S1):57-62.
- [41] 包振峰.编组站自动化系统适应重载列车的若干问题及对策[J].减速顶与调速技术,2008(3):17-21.
- [42] 夏胜利,刘雪斐,张晨.重载运输对编组站作业系统的影响与对策[J].铁道运输与经济,2010,32(3):78-81.
- [43] 张红亮,杨浩,魏玉光,等.我国铁路编组站发展趋势探讨[J].铁道运输与经济,2010,32(9):33-35,43.
- [44] 朱亮,杜旭升,诸葛恒英.铁路编组站适应重载运输发展的对策[J].铁道货运,2012,30(3):15-19.
- [45] 刘其斌,马桂贞.铁路车站及枢纽[M].北京:中国铁道出版社,1997.
- [46] 刘彦邦,曹宏宁,王能豪.现代化驼峰设计[M].北京:中国铁道出版社,1995.
- [47] 吴家豪.铁路编组站系统设计优化[M]:北京.中国铁道出版社,1994.
- [48] 杨金福,耿增朝.三开道岔在自动化驼峰中存在的问题及解决办法[J].铁路通信信号设计,1998(1):41-42.

[49] 周淑媛,耿颖,张开治.对驼峰峰顶距第一分路道岔距离的研究[J].铁道标准设计,1998(7):23-26.

[50] 陈杰,周丽艳.驼峰平面系统设计初探[J].减速顶与调速技术,1997(3):1-3.

[51] 吴家豪.小驼峰线路平面优化设计[J].减速顶与调速技术,1998(2):10-14.

[52] 黄家厚,叶怀珍,高世廉.点式控制小型自动化驼峰纵断面设计理论的研究[J].西南交通大学学报,1979(2):43-51.

[53] 唐为民.点连式调速系统机械化驼峰溜放纵断面优化设计[J].铁道运输与经济,1995(8):23-24.

[54] 吴家豪.关于自动化驼峰纵断面的设计问题[J].铁道学报,1980(2):54-64.

[55] 刘彦邦.点连式驼峰溜放部分纵断面设计[J].北方交通大学学报,1994(4):492-498.

[56] 吴家豪.小驼峰线路纵断面优化设计[J].减速顶与调速技术,1998(3):3-12.

[57] 吴家豪.驼峰马鞍形溜放纵断面及其调速设备系统设计[J].铁道运输与经济,1987(9):6-10.

[58] 吴家豪.现代化驼峰设计的创新马鞍形溜放纵断面及调速设备系统设计[J].减速顶与调速技术,1988(1):4-8.

[59] 秦作睿.现代化驼峰纵断面设计方法的优化[J].北方交通大学学报,1985(1):62-70.

[60] 刘彦邦.驼峰溜放部分纵断面设计程序[J].北方交通大学学报,1982(1):16-29.

[61] 祝庆增,向劲松.点连式驼峰优化设计[J].铁道学报,1990(3):16-27.

[62] 张红亮.基于货车大型化的驼峰设计与作业控制理论研究[D].北京:北京交通大学,2011.

[63] 李荣华,张红亮.铁路驼峰设计对货车大型化发展适应性的思考[J].铁道货运,2013,31(9):1-5.

[64] 安迪,杜旭升.27t轴重货车驼峰溜放试验分析及驼峰设计对策[J].减速顶与调速技术,2016(4):5-11.

[65] 吴家豪.中国铁路车辆减速顶调速系统设计优化[M].北京:中国铁道出版社,2008.

[66] 敖云碧.小能力驼峰调速制式及其工程经济述评[J].减速顶与调速技术,1994(1):20-24.

[67] 秦作睿,董志升,马桂贞,等.自动化驼峰点式控制方案的数学模型[J].铁道运输与经济,1979(1):28-42.

[68] 李海鹰,刘彦邦.点连式驼峰各制动位合理能高的确定[J].北方交通大学学报,1995(S1):63-66.

[69] 姚精明.驼峰间隔调速智能控制研究[D].北京:铁道部科学研究院,2001.

[70] 包振峰,成永龙.驼峰自动化调速系统适应新型重载车辆的若干问题[J].铁道通信信号,2008(10):1-4.

[71] 许鸿飞.驼峰三部位减速器出口速度计算方法研究[D].北京:北京交通大学,2011.

[72] 张春民.自动化驼峰纵断面优化设计研究[D].兰州:兰州交通大学,2011.

[73] 邵琪栋.驼峰溜放速度自动控制模型研究[D].成都:西南交通大学,2014.

[74] 代晓明.编组站自动化驼峰溜放速度控制及模拟仿真[D].兰州:兰州交通大学,2016.

[75] 宫振冲.23t轴重新型货车与既有驼峰的适应性研究[D].北京:北京交通大学,2008.

[76] 张凯.27t轴重新型货车既有驼峰的适应性探讨[D].北京:中国铁道科学研究院,2015.

[77] 施卫忠,李秀杰,胡淼,等.重载条件下驼峰调速制式的研究[J].铁道学报,2018,40(6):1-10.

[78] 张红亮,李荣华,刘博.27t轴重通用货车对驼峰设计及作业控制的影响与对策[J].铁道货运,2016,34(11):24-27.

[79] 张红亮,杨浩,赵鹏,等.驼峰间隔制动减速器对大轴重通用货车的制动适应性研究[J].铁道学报,2013,35(10):33-37.

第2章 货运重载化下的铁路编组站驼峰设计相关参数研究

设计参数是开展驼峰纵断面设计与调速控制研究的基础。本章首先探讨驼峰设计中难行车选型问题,提出了难行车质量动态确定的方法;其次,研究了驼峰设计气象数据精度问题,分析了不同气象数据精度对驼峰峰高设计的影响;最后,探索对过峰车辆风阻力系数问题,应用 Fluent 软件对铁路货车驼峰溜放风阻力仿真建模,并给出风阻力系数取值建议。

2.1 驼峰设计难行车选型研究

2.1.1 我国既有驼峰设计难行车选型方法

驼峰设计中计算车辆的选取主要依据铁路驼峰及调车场设计规范。2018 年,我国颁布了《铁路驼峰及调车场设计规范》(TB 10062—2018),对计算车型的选型及质量进行了统一规定。《铁路驼峰及调车场设计规范》(TB 10062—2018)规定,易行车采用总重94t满载 C_{70},中行车采用总重 70t 不满载 C_{70},难行车采用总重 30t 不满载 P_{70H}。

2.1.2 既有驼峰设计难行车选型的不足

世界各国普遍采用"三难条件"(难行车、难行线及难行气候)作为峰高设计的约束条件。其中,难行线与难行气候是驼峰设计和运营中所无法避免的。也就是说,一旦平面设计确定,必然会有最外侧或次外侧线为难行线;只要驼峰运营,必然会遇到难行气候的天气。因此,在驼峰选址及平面设计确定的条件下,难行线和难行气候可以认为是驼峰设计中的常量,且难行线与难行气候也具有长期稳定性,一般不会出现较大波动。

难行车是驼峰溜放中单位基本阻力与单位风阻力之和较大的车辆,虽然《铁路驼峰及调车场设计规范》(TB 10062—2018)对我国铁路驼峰设计难行车进行了统一规定,但不同地区货物运输的品类差异巨大,空车、重车方向不一,过峰车辆中的难行车是变化的,在驼峰选址及平面设计确定的条件下,难行车成为驼峰设计中的变化因素。北京丰台西站下行、济南西站上行、哈尔滨南站下行等驼峰,解体车流中空车较多,而相反方向驼峰则重车较多,如若按照相关规范确定难行车,则容易造成峰高不足或过高的情况。

此外,我国铁路货流方向为由北向南、由西向东,而北方、西部经济相对不发达地区货物需求较小,反方向空车流较多,驼峰设计也需要考虑编组站所在地区货流方向。因此,建议驼峰峰高设计的难行车根据编组站所在路网上的车流情况确定。

2.1.3 基于"不利溜放条件下机车下峰整理间隔时间"的难行车质量确定方法

计算车辆的类型和质量是确定溜放车辆基本阻力和风阻力、溜放车辆自由落体加速度、调速设备制动能高的重要参数,也是计算峰高、调速设备数量的重要依据。现在全路货车的种类和比重发生了很大的变化,需通过对全路现有货车的调查、统计,分析变化情况和因素,经过比选确定计算车辆类型。

(1)难行车类型选择。

全国铁路货车敞车、棚车等车种分布统计见表2-1。

全国铁路货车敞车、棚车等车种分布统计(2014年)　　表2-1

车种	棚车	敞车	平车	毒品车	罐车	冷藏车	其他
辆数	122084	475536	39308	2056	36161	6107	34240
比例(%)	17.06	66.46	5.49	0.29	5.05	0.85	4.79

注:数据来自国家统计局,2014年后不再公布数据。

根据全国铁路货车车种分布统计(2014年),敞车占铁路货车的66.46%,棚车占铁路货车的17.06%,合计占货车总数的83.52%,是铁路货车的主要类型。毒品车、冷藏车外形类似于铁路棚车,合计占铁路货车总数的1.14%。因此,选择敞车和棚车作为驼峰设计的计算车辆。

(2) 难行车质量确定。

企业在经营中并不会为追求100%良品率而投入大量人力、物力去过于提高或改进设备性能，否则设备的投入产出比会受到影响。因此，企业在设备质量控制上总是寻找最佳平衡点，以达到经济效益最大化。参考企业产品质量控制的做法，在驼峰设计时，只需保证在不利条件下一定比例车辆能够溜放到难行线计算点即可。

在其他条件相同的情况下，车辆质量越大，其单位基本阻力越小，溜放时走行距离越长，因此，"保证在不利条件下一定比例的车辆能够溜放到难行线计算点"条件可转换为"保证在不利条件下一定质量以上的车辆能够溜放到难行线计算点"。

驼峰峰高设计好坏判定的最终标准是在不利溜放条件下单位时间内推峰机车需下峰整理的次数，也就是不利溜放条件下溜放到难行线计算点低于调速系统要求速度（或溜放不到难行线计算点）的车辆数。这是影响驼峰作业效率的重要因素。为此，提出基于"不利溜放条件下单位时间内推峰机车下峰整理次数"的难行车质量确定方法，具体步骤为：

① 估算驼峰日均解体作业量及单钩车所占比例。

② 设定不利溜放条件下单位时间内（一般以天为单位）推峰机车下峰整理次数标准。

③ 统计出各质量等级过峰车辆的累计频率分布，并绘制分布曲线。

④ 计算难行车质量百分比，计算公式如式(2-1)。

$$难行车质量百分比 = \frac{平均每天推峰机车下峰整理次数}{日均解体作业量 \times 单钩车所占比例 \times 溜放至难行线概率}$$

(2-1)

⑤ 找出"难行车质量百分比"对应的纵坐标，绘出平行于横坐标的直线，交累计频率分布曲线上一点，该点的横坐标即"难行车质量百分比"对应的车辆质量，即为驼峰设计难行车质量。

例如，假设某驼峰为自动化驼峰，日均解体作业量为6000辆，单钩车占解体作业量的10%，过峰车辆质量累计频率见表2-2，作出累计频率曲线，如图2-1所示。

过峰车辆质量累计频率　　　　　表2-2

质量等级(t)	20	30	40	50	60	70 及以上
累计频率(%)	6.51	9.62	24.13	40.53	66.04	100.00

第 2 章 货运重载化下的铁路编组站驼峰设计相关参数研究

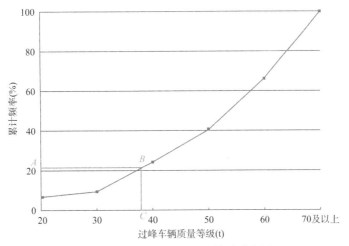

图 2-1 驼峰过峰车辆质量累计频率分布图

假设推峰机车平均每 3h 需下峰整理一次,即不利溜放条件下平均每 3h 出现一次难行车溜放到难行线计算点低于 5km/h(或溜放不到难行线计算点),则该驼峰平均每天出现难行车数量(辆)为:

$$n_{难}^{车} = \frac{24}{3} = 8 \tag{2-2}$$

式中:$n_{难}^{车}$——不利溜放条件下平均每天溜放至难行线计算点低于驼峰调速系统要求速度的车辆数量,辆。

假设该驼峰调车线数量为 34 条,难行车溜放至难行线的概率为:

$$p_{难}^{难} = \frac{2}{34} \times 100\% = 5.88\% \tag{2-3}$$

式中:$p_{难}^{难}$——难行车溜放至难行线的概率,%。

则难行车质量百分比为:

$$Q_{难}^{p} = \frac{8}{6000 \times 10\% \times 5.88\%} \times 100\% = 22.68\% \tag{2-4}$$

式中:$Q_{难}^{p}$——难行车质量百分比,%。

在图 2-1 纵坐标 22.68% 处取一点 A,作横轴的平行线,与累计频率线交于 B 点。过 B 点作横轴的垂线交横轴于 C 点,C 点的 x 坐标即难行车质量,该驼峰难行车质量为 38t。需要说明的是,如果不利溜放条件下推峰机车下峰整理次数设定值较小而计算出难行车比例较小,可采用空棚车(P_{70},自重 23.8t,约合 24t)作为驼峰设计难行车。

2.2 驼峰设计气象数据精度问题研究

2.2.1 现行驼峰设计气象资料选择与计算方法

(1)气象资料选取。

《铁路驼峰及调车场设计规范》(TB 10062—2018)对难行车在冬季溜车不利条件下,驼峰溜放部分和打靶区的平均溜放速度进行了规定,见表2-3、表2-4。

溜放部分难行车平均溜放速度(单位:m/s)　　　　表2-3

调速控制模式	温度(℃)					
	0及以上	-5	-10	-15	-20	-25
点连式	4.8	4.9	5.0	5.0	5.1	5.2
	4.9	5.0	5.1	5.1	5.2	5.3
	5.0	5.1	5.2	5.2	5.3	5.4
连续式	4.9	5.0	5.1	5.1	5.2	5.2
	5.0	5.1	5.2	5.2	5.3	5.3
	5.1	5.2	5.3	5.3	5.4	5.4
点式	5.4	5.5	5.6	5.7	5.8	5.8
	5.5	5.6	5.7	5.8	5.8	5.9
	5.6	5.7	5.8	5.9	5.9	6.0

注:股道全顶连续式溜放部分难行车平均溜放速度采用点连式的速度值。

打靶区难行车平均溜放速度(单位:m/s)　　　　表2-4

温度(℃)	0及以上	-5	-10	-15	-20	-25
点连式、连续式	2.2	2.2	2.2	2.3	2.4	2.4
点式	3.5	3.6	3.7	3.8	4.0	4.0

根据中国铁道科学研究院的科研课题"驼峰设计气象资料的收集和选用的研究",采用数理统计和概率论的方法选择气象资料更适合驼峰这种作业体系。

中国气象局每10年统计出版一次《中国气温资料》和《中国风资料》，从这两个资料中找到对应驼峰所在地区或邻近最近地区页码中的相应栏目摘录出10年共120个月的月平均气温和月平均风速，共240个数据。如果文献中无驼峰所在地区的气象资料，可以查找距离驼峰最近且文献中有统计资料的邻近城市或地区（一般相距几十千米），摘录文献中对应的气象资料。例如，怀化南站的驼峰选用芷江地区的气象资料，金州站的驼峰选用大连的气象资料，向塘西站的驼峰选用南昌的气象资料，鹰潭站的驼峰选用贵溪的气象资料。实际检算及与既有驼峰的峰高比照表明这种方法基本上可以满足设计要求。

(2) 气象资料处理及计算。

根据大、中能力驼峰和小能力驼峰峰高设计的不同特点，以及纵断面设计和调速设备能力计算的要求，气象资料按溜车不利条件和有利条件分别选用和计算。

气象台站收集气象资料，每天收集4次（2:00、8:00、14:00、20:00各1次），每年收集气温和风速各1460次，10年收集各14600次。用这些数据计算出来的10年120个月的月平均气温和月平均风速形成两个统计分布。各气象台站每天4次观测记录的气温和风速都是随机的，而且彼此相互独立利用正态分布的特性，可以按照不同的置信概率、算术平均值、标准正态分布的双侧$100a$百分位点和均方差求出对应的计算气温和计算风速。

对于溜车不利条件下的气象参数选择，需要考虑我国地域辽阔且南北气候相差很大的特点。南方地区冬、夏季温差较小，气温分布的离散性小。北方地区冬、夏季温差较大，气温分布的离散性也大。这里的南方地区是指10年平均的各个月份的月平均气温均在0℃及以上的地区。北方地区是指10年平均的各个月份的月平均气温中，出现0℃以下的月份。通过对全路编组站所在的城市或邻近的城市10年期间120个的月平均气温和月平均风速进行的统计和数据处理，按新的气象资料收集的办法计算出它们的平均值和均方差。

2.2.2 不同气象数据精度对驼峰峰高设计的影响

自《铁路驼峰及调车场设计规范》（TB 10062—2018）发布以来，对驼峰领域的研究主要集中在调速控制与解编能力等方面，对气象环境的研究较少。在日均气温、风速等数据可获取的条件下，采用精度较高（每条数据所代表的时间范围越小精度越高）的日均数据计算驼峰设计计算气温、风速，对比TB 10062中月均数据计算结果，分析两者之间差异的产生原因及其对驼峰峰高设计的影响具有重要理论与实际意义。

(1)不同数据精度下的驼峰设计计算温度、风速对比。

为体现普遍性,选取 49 个编组站所在地气象台站(或相邻台站)近 10 年的日均气温、风速(个别缺失数据采用插值法处理),按照 TB 10062 中的方法,分别采用日均数据和月均数据计算出驼峰设计计算气温和风速。49 个编组站不同数据精度下的驼峰设计计算气温、风速统计表见表 2-5。

49 个编组站不同数据精度下的驼峰设计计算气温、风速统计表　　表 2-5

区域	南方地区		北方地区	
数据精度	日均	月均	日均	月均
驼峰设计计算温度(℃)	0.90	2.23	-9.57	-8.62
驼峰设计计算风速(m/s)	3.69	2.40	4.21	3.06

从表 2-6 可以看出,基于日均气温计算出的驼峰设计计算温度 $r_日^t$ 较基于月均气温计算出的驼峰设计计算温度 $r_月^t$ 低。其中,南方地区编组站 $r_日^t$、$r_月^t$ 的差值相对较大,为 -1.33℃;北方地区编组站 $r_日^t$、$r_月^t$ 差值相对较小,为 -0.95℃。基于日均风速计算出的驼峰设计计算风速 $r_日^w$ 较基于月均风速计算出的驼峰设计计算风速 $r_月^w$ 大。其中,南方地区编组站 $r_日^w$、$r_月^w$ 的差值较大,达到 1.29m/s;北方地区编组站差值相对较小,为 1.15m/s。

(2)不同数据精度下的计算结果差异原因分析。

TB 10062 对驼峰设计气象资料的选用进行了具体规定,取驼峰所在地气象台站(或邻近台站)近 10 年月均气温和月均风速作为总体,采用均值与不同倍数标准差之差或之和得到驼峰设计计算气温和风速值,计算公式为:

$$r = \bar{r} \pm 1.96(\text{或} 1.5)\sigma_r \tag{2-5}$$

$$\bar{r} = \frac{1}{12} \times \frac{1}{10} \sum_{i=1}^{12} \sum_{j=1}^{10} \bar{x}_i^j \tag{2-6}$$

式(2-5)与式(2-6)中:r——驼峰设计计算气温(或风速),℃(km/h);

$\bar{r}$——根据 10 年月均气温(或风速)计算的 10 年年均气温(或风速),℃(km/h);

σ_r——计算气温(或风速)的标准差,℃(或 km/h);对于气温,公式取"-";对于风速,公式取"+";

$\bar{x}_i^j$——j 年 i 月的月均气温(或风速),℃(或 km/h)。

从式(2-6)可以看出,不同数据精度计算结果差异主要在于 $\bar{r}$ 和 σ_r。其中,$\bar{r}$ 为 10 年数据均值,采用月均数据和日均数据的差异,主要在于各月份天数不同造成权重的微小差异,对计算结果影响不大。

对于标准差 σ_r,不同数据精度的计算方法分别为:

$$\sigma_{rm} = \sqrt{\frac{1}{12}\sum_{m=1}^{12}\left(\frac{\sum_{j=1}^{10}\overline{x_m^j}}{10} - \bar{r}\right)^2} \tag{2-7}$$

$$\sigma_{rd} = \sqrt{\frac{1}{365}\sum_{d=1}^{365}\left(\frac{\sum_{j=1}^{10}\overline{x_d^j}}{10} - \bar{r}\right)^2} \tag{2-8}$$

设 $\alpha_d = \dfrac{\sum_{j=1}^{10} x_d^j}{10}$,$\beta_m = \dfrac{\sum_{j=1}^{10} x_m^j}{10}$。各月份天数差别不大,取平均天数 30 天,则得:

$$\beta = \frac{\sum_{i=1}^{30}\alpha_i}{30} \tag{2-9}$$

得到 σ_{rm} 和 σ_{rd}:

$$\sigma_{rm} = \sqrt{\frac{1}{12}\sum_{m=1}^{12}(\beta_m - \bar{r})^2} \tag{2-10}$$

$$\sigma_{rd} = \sqrt{\frac{1}{360}\sum_{d=1}^{360}(\alpha_d - \bar{r})^2} \tag{2-11}$$

σ_{rm}、σ_{rd} 的平方差为:

$$\sigma_{rd}^2 - \sigma_{rm}^2 = \frac{1}{360}\sum_{d=1}^{360}\alpha_d^2 - \frac{2\bar{r}}{360}\sum_{d=1}^{365}\alpha_d - \frac{1}{12}\sum_{m=1}^{12}\beta_m^2 + \frac{2\bar{r}}{12}\sum_{i=1}^{12}\beta_m \tag{2-12}$$

$\dfrac{1}{12}\sum_{m=1}^{12}\beta_m \approx \dfrac{1}{360}\sum_{d=1}^{360}\alpha_d \approx \bar{r}$,式(2-14)可化简为:

$$\sigma_{rd}^2 - \sigma_{rm}^2 = \frac{1}{360}\sum_{d=1}^{360}\alpha_d^2 - \frac{1}{12}\sum_{m=1}^{12}\beta_m^2 \tag{2-13}$$

由于日均数据存在波动,对式(2-13)的被减数进行放大,得到式(2-14):

$$\sigma_{rd}^2 - \sigma_{rm}^2 > \frac{1}{360}\sum_{d=1}^{360}\alpha_d^2 - \frac{1}{12}\cdot\frac{\sum_{d=1}^{360}\alpha_d^2}{30} = 0 \tag{2-14}$$

式中:σ_{rd}、σ_{rm}——分别为采用月均数据和日均数据计算的标准差。

从以上推导过程可以看出,$\sigma_{rd} > \sigma_{rm}$,采用日均数据计算的标准差大于月均数据标准差,且数据精度越高,标准差越大。

(3)算例分析。

以《铁路驼峰及调车场设计规范》(TB 10062—2018)中三间房编组站所在地齐齐哈尔市气象数据为例,分别采用日均数据和月均数据计算出齐齐哈尔市近10年气温、风速均值、标准差,进而计算出驼峰设计计算气温、风速及其置信概率,见表2-6。

三间房编组站不同气象数据精度计算结果　　　表2-6

比较项目	气温(℃)			风速(m/s)		
	日均	月均	差值	日均	月均	差值
气温均值	4.65	4.57	0.08	3.08	3.08	0.00
标准差	15.50	14.85	0.65	1.50	0.48	1.02
设计计算气温/风速	−18.60	−17.71	0.89	5.34	3.80	1.54
预期置信概率(%)	93.32	93.32	—	93.32	93.32	—
实际置信概率(%)	92.66	90.67	1.99	92.31	74.59	17.72

分别以5℃、1m/s为步长统计出齐齐哈尔市气温、风速的频数分布,绘制出各温度、风速值的频率曲线,标出不同气象数据精度下驼峰设计计算气温、风速覆盖范围,如图2-2、图2-3所示(日均数据为实线,月均数据为虚线)。

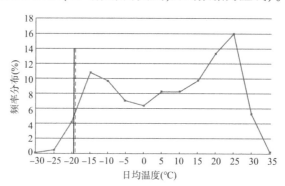

图2-2　日均气温与月均气温覆盖范围对比图

从表2-6及图2-2、图2-3可以看出,采用日均数据与月均数据计算出的三间房编组站驼峰设计计算气温、风速均值差异较小,差值分别为0.08、0.00;采用日均数据计算出的气温、风速标准差大于月均数据,差值分别为0.65、1.02。不同数据精度的均值、标准差差异与理论分析一致。由日均数据计算出的驼峰设计气温低于月均数据,设计风速大于月均数据。从置信概率水平看,采用日均数据计算出的驼峰设计气温、风速接近预期,采用月均数据的计算结果置信概率差别较大,尤其是设计风速,差值达 18.73%。

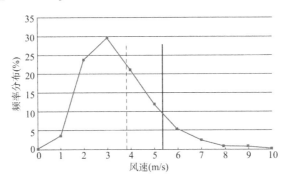

图 2-3　日均风速与月均风速覆盖范围对比图

为验证分析的正确性,分别基于日均数据和月均数据计算出 49 个编组站日均数据和月均数据下驼峰设计计算温度和风速与预期置信概率差异情况,见表 2-7。

49 个编组站不同数据精度与预期置信概率差异统计表　表 2-7

数据类型	温度		风速	
数据精度	日均	月均	日均	月均
南方地区编组站(%)	-0.927	0.731	1.826	25.975
北方地区编组站(%)	0.905	2.818	1.179	18.743

从表 2-7 可以看出,与三间房编组站情况类似,基于日均数据的驼峰设计计算温度和风速与预期置信概率吻合程度较好,基于月均数据的驼峰设计计算温度和风速与预期置信概率差值相对较大。

从以上理论分析及计算结果可以看出,数据精度越高,计算结果越接近预期水平。建议驼峰设计及作业控制中气象资料的选用采用较高精度气象数据,至少为日均数据精度。

(4) 不同气象数据精度对驼峰峰高设计的影响。

① 温度。

温度对峰高设计的影响是通过对单位基本阻力的影响间接实现的。以常见的点连式驼峰调速控制系统驼峰峰高设计为例,假设大、中、小能力驼峰峰顶至难行线打靶区末端长度分别为 600m、400m、200m,以月均气温计算出的峰高值为参照,其他条件相同,日均气温与月均气温下不同类型驼峰峰高的差值见表2-8。

日均气温与月均气温下不同类型驼峰峰高的差值(单位:m)　　表2-8

驼峰区域	大型	中型	小型
南方地区	0.003	0.002	0.001
北方地区	0.002	0.001	0.001

从表2-8可以看出,无论南方地区还是北方地区,基于日均温度计算出的驼峰峰高均较月均温度高,但由于温度对峰高设计的影响较小,其最大差值仅0.003m。总体而言,温度数据精度的提高对峰高的影响较小。

②风速。

风速对峰高设计的影响是通过对单位风阻力影响而间接实现的。假设驼峰溜车方向与冬季季风方向相反,以P_{70}作为驼峰设计难行车型,难行车质量取30t,大、中、小能力驼峰峰顶至难行线打靶区末端长度分别为600m、400m、200m,车辆平均溜放速度分别为4.5m/s、4m/s、3.5m/s,风速分别取5m/s、4.5m/s、4m/s,以月均风速计算结果为参照,其他条件相同,日均风速与月均风速下不同类型驼峰峰高差值见表2-9。

日均风速与月均风速下不同类型驼峰峰高差值　　表2-9

驼峰类型	大型			中型			小型		
风速(m/s)	5.0	4.5	4.0	5.0	4.5	4.0	5.0	4.5	4.0
南方地区(m)	0.352	0.334	0.314	0.234	0.223	0.210	0.118	0.111	0.105
北方地区(m)	0.312	0.296	0.278	0.207	0.197	0.186	0.104	0.099	0.093

从表2-9可以看出,无论南方地区还是北方地区,风速数据精度对驼峰峰高的影响十分显著。其中,南方地区驼峰在风速数据精度提高后峰高增幅均较北方对应类型驼峰高;从不同类型驼峰增幅看,由大到小依次为大型、中型、小型;从风速大小看,风速越大,峰高影响幅度越大,风速达到5.0m/s时,影响程度已接近峰高的10%。从表2-9计算结果来看,过去以月均数据作为驼峰设计气象资料的选用依据普遍存在峰高设计不足的问题。

(5)结论。

《铁路驼峰及调车场设计规范》(TB 10062—2018)采用月均数据作为驼峰设计气象资料收集与选用的依据,基于日均数据对驼峰设计气象资料的选用进行了重新计算,针对计算结果差异,从理论及实际两方面分析了产生的原因,进而研究了不同气象数据精度对驼峰峰高设计的影响。

①基于日均数据的驼峰设计计算气温较月均数据低,南、北方驼峰分别低

1.34℃和0.94℃；基于日均数据的驼峰设计计算风速较月均风速高，南、北方驼峰分别高1.29m/s、1.15m/s，增幅分别为55.7%、37.5%。

②从理论上分析，对于均值差异，采用月均数据计算存在不同月份天数不同而导致的权重微小差异；对于标准差，本研究从理论上证明了日均数据下的标准差大于月均数据下的标准差。

③从置信概率的角度分析，基于日均数据的驼峰设计计算温度置信概率与预期差值较小，南、北方驼峰差值均在1%以内，计算风速置信概率与预期差值不足2%；基于月均数据的驼峰设计计算温度差值不足3%，但计算风速置信概率与预期差值在18%以上。

④从对峰高设计影响的角度分析，基于日均温度的峰高与基于月均温度的峰高差别不大，最大仅0.003m；但基于日均风速的峰高与基于月均风速的峰高差别较大，大、中、小型驼峰最大差值分别达到0.352m、0.234m、0.118m。

⑤以往基于月均数据的峰高设计普遍存在偏低的问题，建议驼峰设计中至少以日均数据作为气象资料的选用依据，并修订《铁路驼峰及调车场设计规范》(TB 10062—2018)4.1中相关条款，避免产生较大误差。

2.3 过峰车辆风阻力系数问题

2.3.1 既有过峰车辆风阻力系数的计算与选择

既有过峰车辆风阻力系数根据20世纪70年代的风洞试验得出(表2-10)。其中C_{x1}为车辆的轴向压力系数，C_{x0}为车辆正面受风时的阻力系数，α是风速和车速的合速与溜车方向的夹角。

风阻力系数(C_{x1}/C_{x0})表　　　　表2-10

α	0°	5°	10°	15°	20°	25°	30°	35°	40°	45°	50°	60°	70°	80°
P_{50}风阻力系数	1	1.1	1.22	1.33	1.38	1.40	1.36	1.27	1.11	0.92	0.75	0.39	-0.018	-0.150
C_{65}(满载)风阻力系数	1	1.0	1.15	1.22	1.29	1.29	1.27	1.22	1.22	1.09	0.86	0.49	0.167	-0.078
C_{50}(满载)风阻力系数	1	1.0	1.16	1.21	1.25	1.26	1.25	1.20	1.09	0.95	0.76	0.50	0.188	-0.030

2.3.2 既有过峰车辆风阻力系数问题分析

驼峰溜放风阻力是货车在溜放过程中与空气相对运动而受到的阻力,其大小与车辆形状、尺寸、溜放速度以及风速、风向等因素有关。风阻力系数是以车辆溜放过程中正面受风阻力为基准,不同风速与车速的合速度与车辆纵轴方向夹角下所受风阻力与正面受风阻力的比值。驼峰溜放所受阻力中,风阻力占难行车驼峰溜放总阻力的 30% 及以上,系数标定准确与否对驼峰设计及作业控制具有重要影响。

既有风阻力系数标定及后续研究均基于 20 世纪 70 年代的风洞试验,标定车型为 P_{50}、满载 C_{65} 及满载 C_{50}。这些车型早已不是铁路货物运输的主型车,且风阻力系数标定未考虑空载状态,标定范围也不够全面。与标定车型相比,我国正在研究的 27t 轴重 C_{80} 及 P_{80} 货车,以及目前主要应用的 23t 轴重 C_{70}、P_{70} 车体尺寸变化显著,采用既有风阻力系数进行计算势必会存在较大误差。因此,有必要重新研究铁路货车驼峰溜放风阻力系数问题。

(1)溜放车辆风阻力分析。

货车驼峰溜放过程中受风阻力示意图如图 2-4 所示,对于溜放车辆的风阻力进行分析时,要考虑溜放车辆是一个六面体,溜放时车辆的方向和风的方向影响车辆的受力面积。图 2-4 中 θ 为风向与车辆中轴线之间的夹角,S' 为车辆侧面受风的面积(所有的面积单位都是 m^2),S_1 为车辆的前端面积,S_2 为车辆的侧面面积,v' 为风速,$w_风$ 为车辆受到的单位风阻力,w_n 为车辆受到的总的风阻力,w' 为车辆所受风阻力在竖直方向的分力。

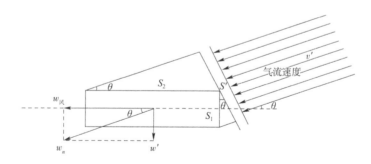

图 2-4 货车驼峰溜放过程中受风阻力示意图

车辆在溜放的途中所受到的风阻力影响车辆的溜放速度。因为风阻力是时刻变化的,当风的方向与溜放钩车的走行方向一致时,风力能够加大溜放车辆的速度,有利于驼峰溜放钩车的走行;当风阻力的方向与钩车溜放的方向相反时,风阻力会使溜放钩车减速,不利于钩车从驼峰的溜放走行。

车辆所受的风阻力可以用式(2-15)进行计算:

$$w_{风} = \pm 0.063 S' \cdot \frac{C_{x1}(v_{车} \pm v_{风}\cos\beta)^2}{C_{x0}\cos^2\alpha \cdot Q} \tag{2-15}$$

式中:$w_{风}$——车辆受到的单位风阻力,N/kN;

S'——车辆的受风面积,m²;

C_{x1}——车辆的轴向阻力系数;

C_{x0}——车辆正面受风时的阻力系数;

$v_{风}$——溜放时的空气流速,m/s;

$v_{车}$——车辆的走行速度,m/s;

α——风速和车速的合速与溜车方向的夹角,(°);

β——风向与溜车方向的夹角,(°);

Q——车辆总重,t。

其中 S' 和 α 计算方式如式(2-16)和式(2-17)所示。

$$\alpha = \tan^{-1}\left(\frac{v_{风}\sin\beta}{v_{车} \pm v_{风}\cos\beta}\right) \tag{2-16}$$

$$S' = \begin{cases} S_1\cos\theta + S_2\sin\theta & (0°\leqslant\theta\leqslant 90°) \\ -S_1\cos\theta + S_2\sin\theta & (90°\leqslant\theta\leqslant 180°) \end{cases} \tag{2-17}$$

由于风向的不同,在计算时风阻力有正负,为阻力时取"+",为推力时取"-",计算时采用的符号与式(2-16)分母的计算符号一致。由于风阻力的计算复杂性,驼峰的风速、风向、气温等因素主要根据当地的主要气象资料来确定绘制当地的气象风玫瑰图;风玫瑰图中 OO' 为驼峰的溜车方向。例如,兰州北站的风玫瑰图如图 2-5 所示。从图 2-5 中可见,当地的主要风向与列车溜放的方向一致,对于下行方向的溜放车辆为顺风向,主导风速为 3.6m/s。列车受风面积的计算见表 2-11。

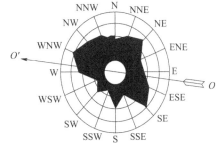

图 2-5 兰州北站的风玫瑰图示意图

列车受风面积的计算　　　　　　　　　　　　　　　　表 2-11

车型	装载状况	受风面积(m^2)	车型	装载状况	受风面积(m^2)
P_{60}	空载满载	10	G_{50}	空载	7.2
P_{50}	空载满载	10	G_{50}	满载	8.6
P_{70}	空载满载	9	M_{11}	空载	7.4
C_{60}	空载	8	M_{11}	满载	8.8
C_{60}	满载	9.3	C_{70}	空载	5.1
G_{60}	空载满载	6.2	C_{70}	满载	6.4

（2）车辆尺寸对风阻力系数的影响。

简化后的车辆风阻力示意图如图 2-6 所示。根据风阻力系数计算原理，车体不同方向尺寸变化对风阻力系数的影响不同。车体高度增加会同比增加侧墙面积与端墙面积，由于风阻力系数以端墙正面受风阻力为基准进行计算，风阻力系数有减小趋势；车体宽度增加会增大端墙面积，风阻力系数亦会减小；车体长度增加会增大侧墙面积，风阻力系数有增大趋势。

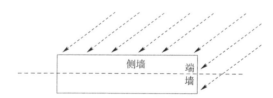

图 2-6　简化后的车辆风阻力示意图

既有不同车型的风阻力系数见表 2-12。

既有不同车型的风阻力系数　　　　　　　　　　　　　　　表 2-12

$\alpha(°)$	P_{50}风阻力系数	C_{60}（满载）风阻力系数	$\alpha(°)$	P_{50}风阻力系数	C_{60}（满载）风阻力系数
0	1	1	0.61	1.273	1.228
0.087	1.104	1.208	0.698	1.123	1.128
0.174	1.232	1.154	0.785	0.928	1.015
0.262	1.337	1.219	0.872	0.737	0.785
0.349	1.375	1.292	1.047	0.371	0.481
0.436	1.402	1.294	1.221	-0.015	0.165
0.523	1.358	1.276	1.395	-0.059	-0.075

2.3.3 基于 Fluent 仿真的铁路货车驼峰溜放风阻力仿真建模

27t 轴重、23t 轴重主型车及风阻力系数标定车型车体尺寸见表 2-13。与标定车型相比，P_{80}、P_{70}、C_{80}、C_{70} 等货车车体尺寸增加显著。其中，车辆长度全面增加，P_{80} 货车长度较 P_{50} 增加近 40%；除 P_{70} 外，其他车型车体宽度均略有增加；C_{80}、C_{70} 车辆高度较标定车型均有不同程度的增幅。

27t 轴重、23t 轴重主型车及风阻力系数标定车型车体尺寸（单位：mm） 表 2-13

车型	长(含端柱)	宽(含侧柱)	高(不含顶棚)	高(含顶棚)	轮径
P_{80}	18364	3080	2920	3677	915
P_{70}	16374	2960	2920	3677	840
C_{80}	13280	3182	2537	2537	915
C_{70}	13280	3172	2250	2250	840
P_{50}	13226	3049	2920	3677	840
C_{65}	13268	3076	2100	2100	840

本节针对铁路货车车体尺寸变化及装载状态对驼峰溜放风阻力系数的影响问题展开研究。

(1) 问题假设。

根据货车驼峰溜放情况对仿真模型做如下假设：

①车辆周围的流场不可压缩。

货车驼峰溜放速度较低，且车辆在非极端环境下受到的最大风力值一般情况下不会超过 50m/s，风速和车辆的合速度与标准大气压下的音速的比值小于 0.3，即马赫数小于 0.3，因此，可以忽略压缩空气的影响，车辆的外流场不可压缩。

②车辆周围流场为定常流。

计算特定工况下车辆所受风阻力大小时，不考虑流体温度、密度、压强等随时间推移而发生变化的情况，把空气流动过程的物性参数看作不变。

③无须求解能量方程。

由于空气相对车辆的移动速度很小，车辆受到风阻力时，可不考虑风力与车辆外表面所产生的摩擦生热现象，无须求解能量方程。

(2)控制方程。

Fluent 软件包提供了多种湍流仿真模型,本研究采用工程上应用较多的 $k-\varepsilon$ 双方程模型。

连续性方程为：

$$\frac{\partial u_i}{\partial x_i} = 0 \qquad (2\text{-}18)$$

动量方程为：

$$\rho u_j \frac{\partial u_i}{\partial x_j} = -\frac{\partial \rho}{\partial x_i} + \frac{\partial}{\partial x_j}\left[(\mu+\mu_i)\left(\frac{\partial u_i}{\partial x_j}+\frac{\partial u_j}{\partial x_i}\right)\right] \qquad (2\text{-}19)$$

湍动能方程为：

$$\frac{\partial(\rho k u_i)}{\partial x_i} = \frac{\partial}{\partial x_j}\left[\left(\mu+\frac{\mu_i}{\sigma_k}\right)\frac{\partial k}{\partial x_j}\right] + \mu_i \frac{\partial u_j}{\partial x_i}\left(\frac{\partial u_j}{\partial x_i}+\frac{\partial u_i}{\partial x_j}\right) - \rho\varepsilon \qquad (2\text{-}20)$$

湍动耗散率方程为：

$$\frac{\partial(\rho \varepsilon u_i)}{\partial x_i} = \frac{\partial}{\partial x_j}\left[\left(\mu+\frac{\mu_i}{\sigma_\varepsilon}\right)\frac{\partial \varepsilon}{\partial x_j}\right] + C_1\mu_i\frac{\varepsilon}{k}\cdot\frac{\partial u_j}{\partial x_i}\left(\frac{\partial u_j}{\partial x_i}+\frac{\partial u_i}{\partial x_j}\right) - C_2\rho\frac{\varepsilon^2}{k} \qquad (2\text{-}21)$$

式中： u_i、u_j——货车周围流场的速度,m/s；

x_i、x_j——坐标系统的分量；

ρ——空气的密度,kg/m³；

μ——空气动力黏度,Ns/m²；

μ_i——湍流黏性参数：$\mu_i = C_\mu \rho\ k^2/\varepsilon$；$k$ 为湍动能,W/m³；ε 为湍流耗散率,C_μ 为湍流常数；

C_1、C_2、σ_ε、σ_k——经验常数。

(3)Fluent 仿真建模。

①几何模型。

对车辆门把手、通风窗、梯子等较精细部分,对车辆底部转向架等复杂部分,以及对车辆外流场影响较小的部分进行适当简化,以突出主要影响因素。以 P_{80} 通用货车为例,按照同等尺寸大小构建几何模型,如图 2-7 所示。

②计算区域。

经过多次试算及调整,计算区域进口边界取距车辆受风端面距离为 10m,侧面距离取 12m,出口边界取车辆受风端面距离 50m,距背风侧面取 25m,计算区域高度取 15m。计算区域如图 2-8 所示。

图 2-7 P$_{80}$通用货车几何模型

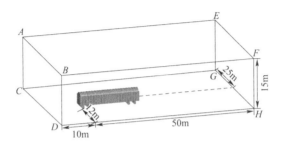

图 2-8 车辆计算区域示意图

③计算域网络。

考虑到非结构网格中四面体混合网格对车辆端柱、侧柱等表面凸起物具有较好的适应性,能够根据车辆不同部位的外形自动生成合适尺寸、形状的网格。本研究采用非结构四面体混合网格划分方式,以四面体为主,对研究车辆计算域进行网格的划分。经多次试算,确定车身处面网格边长为 0.01~0.05m。车体外表面边界划分 7 层,边界层采用的是棱柱形网格。对车身附近、背风区及生成网格质量差的地方采用高密度网格,以反映流场变化情况,如图 2-9 所示。采用八叉树方式生成体网格,并进行优化,最终共生成约 500 万个网格,如图 2-10 所示。

图 2-9 车辆附近密度区横截面示意

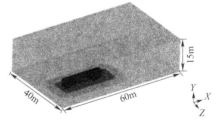

图 2-10 计算域生成网格示意

④边界条件。

车辆轴线方向的进口速度大小设置为车辆速度大小与风速在车辆轴线方向速

度分量大小之和;侧面进口速度大小为风速在垂直于车辆轴线方向速度分量的大小,来流方向均垂直于入口截面。其中,当来流方向与坐标轴方向相同时取正值,方向相反时取负值。在计算域中固体区域有车辆及地面,流体区域为除车辆及地面外的整个计算域。考虑到所研究车辆运行速度较低,车辆及地面之间相对运动与否对气流剪切应力的影响很小,可以忽略不计。因此,将车辆和地面均设置为无滑移壁面边界条件。

(4)仿真计算结果及分析。

为全面探讨车体参数变化对风阻力系数的影响,分别对即将投入运营的 27t 轴重 P_{80}、C_{80},以及当前运营的 23t 轴重 P_{70}、C_{70} 车型进行仿真计算。设定工况为车速 4m/s,风速 4m/s,计算风速与车速的合速度与车辆纵轴方向夹角 $0\sim80°$ 区间内不同车型、不同装载状态风阻力,以 0° 角风阻力为基准计算不同角度的风阻力系数。为确保仿真结果的有效性,先对满载 C_{65} 货车进行风阻力试算,调整仿真参数使模型计算结果与实验数值接近,并以此参数计算其他车型。

①仿真数据后处理。

当残差值曲线收敛后,使用 Fluent Post 进行数据后处理,从而得到车辆周围流场的速度矢量图及车辆外表面的压力云图,以 P_{80} 车辆为例,分别如图 2-11、图 2-12 所示。从图 2-11、图 2-12 中可以看出,气流遇到车体之后,气流一部分沿着车体表面向上爬升,另一部分从车体底部通过。气流流过车辆顶部最高点后,于车体背风面形成涡流;车辆迎风面为正压,背风面形成负压。

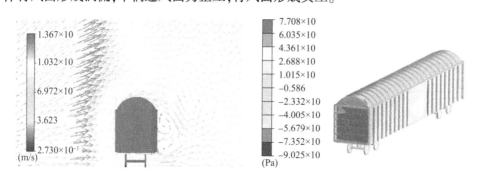

图 2-11　车辆周围流场的速度矢量图　　图 2-12　车辆外表面压力云图

②与标定车型风阻力系数对比分析。

P_{80}、P_{70} 及满载 C_{80}、满载 C_{70} 与标定车型(P_{50}、满载 C_{65})风阻力系数对比情况分别如表 2-14、图 2-13、图 2-14 所示。

第2章 货运重载化下的铁路编组站驼峰设计相关参数研究

不同车型风阻力系数对比表　　　　　　　　　　　表 2-14

$\alpha(°)$	0	5	10	15	20	25	30
P_{80}	1.000	1.095	1.321	1.622	1.783	1.672	1.580
P_{70}	1.000	1.056	1.317	1.617	1.777	1.668	1.476
P_{50}	1.000	1.104	1.227	1.339	1.388	1.402	1.362
C_{80}(满载)	1.000	1.132	1.251	1.392	1.576	1.690	1.548
C_{70}(满载)	1.000	1.112	1.256	1.418	1.600	1.671	1.615
C_{65}(满载)	1.000	1.028	1.150	1.220	1.292	1.295	1.276
$\alpha(°)$	35	40	45	50	60	70	80
P_{80}	1.352	1.133	0.951	0.797	0.440	0.117	0.009
P_{70}	1.318	1.093	0.994	0.817	0.433	0.120	0.008
P_{50}	1.273	1.118	0.929	0.751	0.391	-0.018	-0.150
C_{80}(满载)	1.275	1.022	0.836	0.717	0.400	0.079	0.001
C_{70}(满载)	1.394	1.141	0.926	0.791	0.476	0.115	0.012
C_{65}(满载)	1.228	1.221	1.059	0.867	0.495	0.167	-0.078

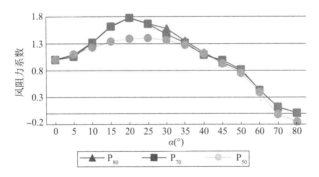

图 2-13　棚车与标定车型风阻力系数对比情况

从表 2-14、图 2-13 和图 2-14 可以看出，P_{80}、P_{70}、满载C_{80}、满载 C_{70} 风阻力系数变化规律与标定车型基本一致，均是先增大后减小，在 20°～25°达到最大值后逐渐趋近于0；相较于标定车型，P_{80}、P_{70}、满载 C_{80}、满载 C_{70} 风阻力系数波动幅度有所增大。α 为 20°时，P_{80}、P_{70} 风阻力系数较标定车型 P_{50} 分别增加 0.395、0.389，增幅分别达 28.5%、28.0%；α 为 25°时，满载 C_{80}、满载 C_{70} 风阻力系数较标定车型满

载 C_{65} 分别增加 30.5%、29.0%，增幅显著。此外，不同车型风阻力系数差异较大，建议分别计算。

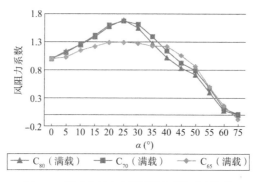

图 2-14　敞车与标定车型风阻力系数对比情况

③不同装载状态风阻力系数对比分析。

对于敞车，由于其车体的开放性，不同装载状态对风阻力系数也有影响。为比较不同装载状态风阻力系数，以满载状态正面受风为基准，计算出空载状态下风阻力系数(表 2-15)。风阻力系数变化趋势如图 2-15、图 2-16 所示。

不同装载状态货车风阻力系数　　表 2-15

α(°)	0	5	10	15	20	25	30
C_{80}（满载）	1.000	1.132	1.251	1.392	1.576	1.690	1.000
C_{80}（空载）	1.638	1.866	2.082	2.199	2.318	2.280	2.037
C_{70}（满载）	1.000	1.112	1.256	1.418	1.600	1.671	1.000
C_{70}（空载）	1.565	1.759	2.097	2.438	2.556	2.497	2.259
C_{80}（满载）	1.548	1.275	1.022	0.836	0.717	0.400	0.079
C_{80}（空载）	1.665	1.404	1.203	1.089	0.687	0.196	0.025
C_{70}（满载）	1.615	1.394	1.141	0.926	0.791	0.476	0.115
C_{70}（空载）	1.853	1.547	1.326	1.132	0.609	0.218	0.021

从表 2-15、图 2-15 和图 2-16 可以看出，不同装载状态风阻力系数达到最大值时的角度不同：满载 C_{80}、满载 C_{70} 在 25°达到最大值，空载 C_{80}、空载 C_{70} 在 20°达到

最大值。空载 C_{80}、空载 C_{70} 风阻力系数总体均较对应车型满载状态大。其中,空载 C_{80} 风阻力系数最大值达到 2.318,空载 C_{70} 风阻力系数最大值达到 2.556,分别较对应车型满载状态相同夹角风阻力系数增加 47.1%、59.8%。由此可见,以往对风阻力系数的标定方法并未考虑空载状态,导致驼峰设计及调速控制中长期存在对轻载车辆风阻力计算偏小的问题。

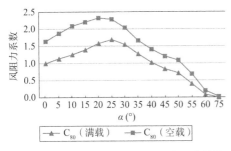
图2-15 C_{80} 不同装载状态风阻力系数变化趋势

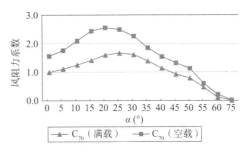
图2-16 C_{70} 不同车型不同装载状态风阻力系数比值

④风阻力系数计算模型的拟合。

如前文数据及分析图所示,虽然车型不同,但风阻力系数变化规律具有一致性。为此,基于仿真数据,采用曲线拟合方法对不同车型、不同装载状态风阻力系数分别进行拟合,得到不同车型、不同装载状态风阻力系数计算函数形式一致。如式(2-22)所示,拟合指标 R-Square 超过 0.9,SSE、RMSE 等指标较小,表明拟合度较好。

$$F(x) = a + b \times \cos(c \cdot x) + d \times \sin(c \cdot x) \tag{2-22}$$

式中:$F(x)$——风阻力系数函数;

a、b、c、d——拟合参数;

x——α 角。

不同车型风阻力系数曲线拟合参数见表2-16。

不同车型风阻力系数曲线拟合参数 表2-16

车型	P_{80}	P_{70}	满载 C_{80}	满载 C_{70}	空载 C_{80}	空载 C_{70}
a	0.831	0.817	0.773	0.802	1.137	1.227
b	0.147	0.161	0.181	0.136	0.566	0.367
c	0.060	0.060	0.060	0.059	0.054	0.059
d	0.788	0.768	0.738	0.756	0.888	1.099

(5) 结论。

本节分析了铁路货车车体参数变化对风阻力系数的影响,基于空气动力学理论,采用 Fluent 软件分别对 P_{80}、P_{70}、C_{80}、C_{70} 等不同车型货车进行建模,以 C_{65} 满载货车标定模型参数,计算出不同车型不同 α 角情况下风阻力系数,并拟合出不同车型的风阻力系数计算函数。研究弥补了驼峰设计与调速控制中长期存在的不足,可为科研及工程实践提供理论参考。主要研究结论如下:

①未来即将投入运营的 27t 轴重货车 P_{80}、C_{80} 及目前正在运营的 23t 轴重货车 P_{70}、C_{70} 车体尺寸参数均与既有驼峰设计文献中标定车型差别较大,风阻力系数差别较大,既有风阻力系数已不适应新型货车风阻力计算。

②仿真结果显示,不同车型、不同装载状态下货车所受风阻力差别较大,风阻力系数差别也较大,风阻力系数的计算需要区分具体车型及装载状态。

③仿真结果显示,相同条件下,空载 C_{80}、空载 C_{70} 风阻力系数最大较对应满载状态增加 47.1%、59.8%。过去对于风阻力系数的标定未考虑空载情况,导致驼峰设计及调速控制过程中长期存在对轻载车辆风阻力计算偏小的问题。

④建议对 27t 轴重 P_{80}、C_{80},以及 23t 轴重 P_{70}、C_{70} 型货车风阻力系数采用本研究标定的风阻力系数计算函数及曲线拟合参数表。

2.4 本章小结

我国不同地区的驼峰所面对的车流特性差异巨大,采用统一的设计车型会出现驼峰设计与车流不适配的问题。基于概率水平的驼峰难行车质量确定方法可以使驼峰设计更好场适配车流情况。采用月均数据会导致驼峰设计计算温度偏高、计算风速偏低,进而造成驼峰峰高总体偏低的问题。建议至少采用日均数据的驼峰设计气象资料选用标准。针对未来 27t 轴重通用货车驼峰溜放问题,提出了基于 Fluent 仿真的驼峰溜放风阻力系数标定方法,解决了驼峰设计及调速控制中长期存在的铁路货车风阻力系数标定不全及轻载车辆风阻力值偏小的问题。

本章参考文献

[1] 张红亮,杨浩,张超.货车大型化条件下驼峰峰高设计中难行车质量确定方法探讨[J].北京交通大学学报,2011,35(3):58-61.

[2] 国家铁路局.铁路驼峰及调车场设计规范:TB 10062—2018[S].北京:中国铁

道出版社,2019.
[3] 张红亮,杨浩,夏胜利.不同气象数据精度对驼峰峰高设计的影响[J].交通运输系统工程与信息,2015,15(3):185-189.
[4] 刘彦峰.编组站驼峰车辆溜放过程动态分析研究[D].兰州:兰州交通大学,2018.
[5] 杨静,张红亮,周家杰,等.基于Fluent仿真的铁路货车驼峰溜放风阻力系数研究[J].交通运输系统工程与信息,2018,18(3):168-174.
[6] 尹红,张觉印.驼峰设计气象资料的收集和选用方法的研究[J].减速顶与调速技术,2000(4):3-7,32.
[7] 陶德高.调车场内车辆溜放基本阻力与风阻力分布规律研究[J].减速顶与调速技术,1987(4):17-22.
[8] 丁昆.车辆溜放风阻力探讨[J].铁道运输与经济,1984(11):17-20.
[9] 刘彦邦.驼峰设计中有关气象资料的选择和计算方法的研究[J].北方交通大学学报,1979(2):16-42.
[10] 邱星.基于自动提钩的驼峰溜放部分纵断面设计与间隔调速控制研究[D].北京:北京交通大学,2022.

第3章 货运重载化下的铁路编组站驼峰优化设计研究

本章首先分析了货车重载化下编组站驼峰头部溜放部分与调车场连挂区纵断面设计存在的问题,分别构建了货车重载化下的驼峰头部纵断面优化设计模型和调车场纵断面优化设计模型,并通过仿真案例分析验证了模型的有效性,研究成果可为重载化发展趋势下驼峰纵断面设计工作提供理论与方法支撑。

3.1 货运重载化下的驼峰纵断面设计优化问题分析

3.1.1 驼峰头部溜放部分纵断面优化设计问题分析

驼峰溜放部分纵断面设计是根据一定的气候条件和车辆类型,考虑变坡点约束、坡度约束、溜放设计车型通过减速器和道岔限速等约束条件,确定纵断面各坡段的坡度和坡长,其目的是在保证前后车组安全间隔的前提下,使难行车从峰顶平台溜放至难行线计算点,实现高效、安全溜放。驼峰纵断面设计优化问题的本质是在一定峰高水平条件下,优化驼峰溜放部分纵断面的坡度和坡长,使设计车型能够迅速从峰顶溜放至难行线计算点并达到调速系统所规定的速度,从而达到提高车辆溜放速度和驼峰解体效率的目的。

驼峰头部具有坡度陡、速度快等特点,溜放条件较为复杂。对于驼峰溜放纵断面优化设计,关键是确定纵断面各坡段的坡度和坡长。首先,溜放车辆的溜放阻力随着溜放速度的变化而发生变化,而溜放速度又取决于驼峰纵断面的坡长、坡度和溜放阻力,驼峰纵断面的坡长和坡度的确定又依赖于车辆的溜放速度。溜放速度、溜放阻力和驼峰纵断面的坡长坡度三者之间相互影响,分析研究这三者之间的联系和规律,是纵断面设计的一大难点。其次,车辆溜放运动规律是驼峰纵断面设计的基础,精确的受力分析则是研究车辆溜放运动的关键。溜放车辆在经过平直线路、曲线和道岔时所受阻力不同,并且车辆溜放所受阻力还与车辆实时溜放速度有关。精确地分析车辆受力情况,建立车辆溜放过程的实时运动计算模型,对于驼峰纵断面优化设计具有重要意义。

20世纪80年代以来,我国在驼峰设计技术方法领域取得了较大进步,设计方法逐渐成熟,并形成了一定模式的设计图。但限于技术条件及计算机能力,我国传统的驼峰纵断面设计方法仍存在以下问题。

(1) 计算精度不高。

钩车溜放速度和运行阻力是影响峰高计算的关键因素,但由于各坡段坡长与坡度未知,钩车溜放速度和运行阻力的准确值难以获取,只能根据经验确定平均溜放速度,进而计算车辆的平均运行阻力。这一做法虽然简化了计算工作,但会造成计算结果与实际情况不符,导致最终设计的驼峰峰高及纵断面存在较大误差。

(2) 未将阻力、溜放速度和坡长、坡度进行连续、动态及一体化考虑。

车辆在驼峰溜放是一个连续的、动态的过程,采用平均速度、平均阻力等参数计算忽略了车辆的溜放细节,未能体现车辆溜放的动态性。在车辆溜放过程中,溜放速度、溜放阻力和驼峰纵断面的坡长和坡度之间联系紧密,车辆在不同纵断面坡度上的速度不同,其单位基本阻力和风阻力也是动态变化的,在设计时需将阻力、速度和坡度进行一体化考虑。

(3) 传统的设计流程导致一定计算误差。

驼峰纵断面设计工作通常采取先计算峰高,再设计纵断面,以峰高定纵断面的设计流程。首先计算驼峰峰高,再设计纵断面,设计完成后,反过来计算纵断面各坡段的高度之和与计算出的峰高是否一致。如果不一致,则调整驼峰纵断面,使纵断面各坡度的累计峰高与计算峰高一致。在纵断面坡度和坡段未定的情况下,车辆溜放速度和阻力(包括单位基本阻力、单位风阻力)均未知,以给定的速度来确定驼峰高度与实际情况差距较大。

(4) 27t轴重货车过峰问题加大设计难度。

自20世纪80年代以来,我国在既有线重载运输领域的研究已取得一定的进步,推动了27t轴重通用货车在既有线上的应用,随之而来的便是27t轴重货车的过峰问题。相对于21t、23t轴重货车,27t轴重货车较为直观的改变是货车车轮直径增大、总重增加、车体尺寸增大,带来车辆所受单位基本阻力减小等变化,导致车辆在溜经高速区时,有溜放速度超过减速器、道岔最高容许入口速度的潜在风险,引起"追钩"、道岔转换不及时等问题,从而使调车机车被迫下峰作业,极大地影响了驼峰解体效率与作业安全。同时,货车总重的增加使得驼峰头部控制范围进一步扩大,驼峰头部纵断面的加速坡、高速坡、道岔区坡的坡度及坡长对于不同类型货车溜放需求的适应程度有待研究,纵断面设计参数也需优化,设计难度进一步提升。因此,驼峰溜放部分纵断面设计优化是解决 27t 轴重货车过峰问题的关键。

3.1.2　驼峰调车场连挂区纵断面优化设计问题分析

驼峰调车场连挂区是集车辆溜放、集结及编组等功能于一体的作业区域,在连挂区中,车辆的溜行状态直接决定了安全连挂率以及天窗数量,超速连挂和过多天窗会严重影响驼峰作业的安全、效率和能力,而连挂区纵断面设计直接关系到车辆的溜行状态。因此,连挂区纵断面优化设计的本质是优化其坡度和坡长,使溜放设计车型在不利条件下能够尽可能溜放较远距离,提高车辆安全连挂率,减少机车下峰整理频次,从而提高驼峰作业效率。

与溜放部分转角大、曲线多、速度快、道岔多等条件不同,调车场线路一般是平直线,坡度较小,车辆速度较慢,走行相对稳定。其线路纵断面设计具有以下三个主要特点:

(1)连挂区为直线地段,不设置道岔和曲线。

(2)连挂区地段的变坡点位置没有工程约束。

(3)连挂区不设置减速器,只设置减速顶进行目的制动。

这些特点使得连挂区坡段变坡点的取值范围难以确定。目前,《铁路驼峰及调车场设计规范》(TB 10062—2018)对于连挂区坡段设计的规定是通过统计分析现有 22 个调车场线路纵断面的数据而得出的,虽给出了坡度的取值范围,但对于坡长的取值范围并没有明确规定,导致实际设计存在一定困难。

我国大多数编组站调车场与驼峰修建于 20 世纪 80—90 年代,设计时的计算车型为 18t 和 21t 轴重滑动轴承货车,它们目前已不再是铁路货运主型货车。随着我国铁路货运重载化的发展,货车轴重不断提高,23t 等轴重货车已逐渐成为铁路货运主型车辆,且我国铁路货车在 2000 年以前已基本完成以滚动轴承替代滑动轴承的工作,上述技术改进对于货车的走行性能产生了一定影响,如货车的单位基本阻力更小、溜放动能更大、所受风阻力增大等。走行性能的变化造成 23t 轴重货车在调车场连挂区出现超速连挂、制动力不足的问题,对于 27t 轴重货车,上述问题更加严重。虽可采用增加减速顶等方式使此类问题得到暂时缓解,但其残余功将不利于难行车的溜放,影响驼峰作业效率。此外,27t 轴重货车将与 21t、23t 轴重货车形成多轴重、多车型混用的情况,调车场纵断面设计时,计算车型间走行性能差距增加,连挂区控制范围增大,设计复杂性增加。因此,有必要从设计层面对调车场纵断面进行优化,为重载货车的进一步应用提供理论支持。

3.2 货运重载化下的驼峰头部纵断面优化设计研究

3.2.1 优化模型构建

(1)溜放部分纵断面设计优化范围的框定。

参考《铁路驼峰及调车场设计规范》(TB 10062—2018)对驼峰峰高的定义,驼峰溜放部分纵断面的范围为峰顶至难行线计算点打靶区末端的一段区域。其中,打靶区是Ⅲ制动位出口至小顶群始端的一段特殊区域,是减速器与减速顶两种调速设备的连接区域。车辆溜放"打靶"的目的是使溜行的车辆与打靶区有效长范围内任何地点的停留车安全连挂。打靶区的坡度一般设计为夏季易行车溜放时不加速,其坡度不应大于易行车单位基本阻力与单位风阻力的合力,即:

$$I_{db} \leqslant w_j^{yad} - 1.96 w_\sigma^{yad} + w_f^{yad} \tag{3-1}$$

式中:I_{db}——打靶区坡度,‰;

w_j^{yad}——易行车在有利条件下的单位基本阻力,N/kN;

w_σ^{yad}——易行车在有利条件下的单位基本阻力标准差,N/kN;

w_f^{yad}——易行车在有利条件下的单位风阻力,N/kN。

从以上分析可以看出,打靶区是一段特殊区域,其纵断面设计不需要进行优化。根据式(3-2)、式(3-3),可计算出推荐的打靶区坡度为0.6‰。

单位基本阻力中值计算公式[①]:

$$W_中^N = 2.266 - 0.012Q - 0.003T + 0.058v \tag{3-2}$$

式中:$W_中^N$——单位基本阻力中值,N/kN;

Q——车辆总重,t;

v——溜放速度,m/s;

---

① 本节内容编写工作开展期间《铁路驼峰及调车场设计规范》(TB 10062—2018)尚未颁布,此公式来自《基于货车大型化的编组站驼峰设计深化研究》报告。

T——环境温度,℃。

单位基本阻力标准差计算公式为:

$$\sigma_N = 0.574 - 0.004Q + 0.004T - 0.001v \tag{3-3}$$

式中:σ_N——单位基本阻力标准差。

此外,《铁路驼峰及调车场设计规范》(TB 10062—2018)要求对车辆制动时夹停并缓解后能够使车辆自行溜放。Ⅲ部位减速器所在坡段最小坡度根据阻力计算公式可以计算出。按照与打靶区相同的计算方法,计算得到Ⅲ部位减速器区域最小坡度为3.0‰。

由此得到驼峰溜放部分纵断面可优化范围为峰顶至Ⅲ部位减速器之前的区域,如图3-1所示。

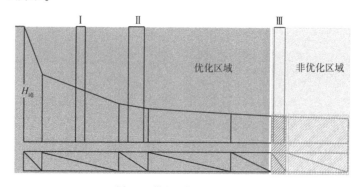

图3-1 纵断面优化区域示意

(2)构建驼峰优化模型坐标系。

依据参考文献[3],建立以峰顶与加速坡变坡点为原点,竖直向下为 y 轴方向,面向调车场方向为 x 轴方向的坐标系。难行线纵断面各坡段变坡点的 x 坐标表示距峰顶水平距离,y 坐标表示距峰顶的高差,如图3-2所示。图中,黑色圆点表示变坡点,其坐标 x_k 表示 k 点距离峰顶的水平距离,y_k 表示 k 点距离峰顶的高差,v_k 表示车辆在 k 点的速度。

(3)模型优化的目标函数。

①驼峰峰高。

从理论上讲,要使驼峰设计车型能够以最快速度从峰顶溜放至调车线,只需将峰顶至Ⅰ部位,Ⅰ、Ⅱ部位之间,Ⅱ、Ⅲ部位之间的坡度设计为易行车在有利条件下不超过减速器入口速度的最大坡度即可(图3-3)。但这样会造成驼峰高度很高,大幅增加工程造价,给推峰作业带来很大困难,且造成能耗增加,使运营极不经济。因此,驼峰纵断面设计优化目标需要考虑将驼峰峰高作为优化目标之一,尽可能降低驼峰峰高,节省运营能耗。

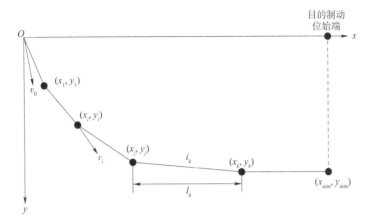

图 3-2　驼峰纵断面设计优化模型坐标系

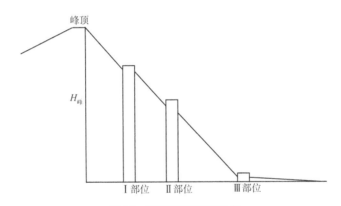

图 3-3　驼峰纵断面坡度示意

假设溜放部分纵断面由 m 个坡段构成,则驼峰峰高优化的目标函数可表示为:

$$\min H_{\text{峰}} = \sum_{j=1}^{m}(x_j - x_{j-1})i_j \tag{3-4}$$

式中:$H_{\text{峰}}$——驼峰峰高,m;

x_j——第 j 个坡段前方(注:车辆溜放前进方向为前方,反向为后方)的 x 坐标;

x_{j-1}——第 j 个坡段后方的 x 坐标,峰顶坐标为 x_0。

②设计车型累计走行时间最短。

驼峰从本质上讲是一个车辆分类设备,能够将具有一定初速度的车组迅速分散到不同股道上,并通过调速设备保证前后车组具有一定安全间隔(图 3-4)。因此,在驼峰头部,设计车型能够由峰顶快速溜放至相应股道是驼峰纵断面设计优化的最终目标,而衡量溜放速度快慢可以用走行时间,即将设计车型从峰顶到打靶区末端计算点的走行时间最短作为优化目标。

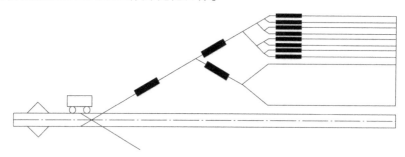

图 3-4 驼峰头部平面示意

从图 3-4 可以看出,驼峰头部溜放部分能力按紧张程度由头部向打靶区末端依次递减,其分界点为道岔辙叉区尾部。以 32 条有效调车线的驼峰为例,分别用不同颜色表示驼峰头部溜放部分线路紧张程度,如图 3-5 所示。假设车组溜放到各股道概率相同,则图 3-5 中红色、黄色、橙色、蓝色、灰色和绿色分别为所有溜放车组、1/2 溜放车组、1/4 车组溜放车组、1/8 溜放车组、1/16 溜放车组及 1/32 溜放车组走行径路。溜放径路中,不同地段线路的繁忙程度不同。构建模型时,对不同地段径路赋予不同权重系数。本节将以所连接调车线有效条数为该段路径的权重系数,其走行时间为乘以权重系数的加权走行时间。

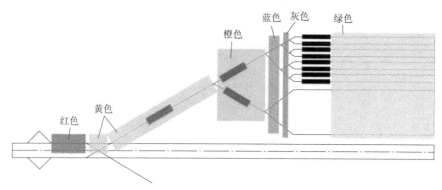

图 3-5 不同能力限制水平区段示意

将车辆看作质点,假定车辆所受道岔、曲线附加阻力均匀分布。当车辆由峰顶向下溜放时,车辆速度是逐渐变化的,其溜放过程中的单位基本阻力和单位风阻力均是变化的。

假设在极短距离 $\Delta s(\mathrm{m})$ 上,车辆溜放初速度为 $v_0(\mathrm{m/s})$,所受阻力保持不变,根据距离计算公式有:

$$\Delta s = v_0 \Delta t + \frac{1}{2} a \Delta t^2 \tag{3-5}$$

可以推导出:

$$\Delta t = \frac{-v_0 + \sqrt{v_0^2 + 2a\Delta s}}{a} \tag{3-6}$$

式中:Δt——车辆在 Δs 上溜放时间,s;

a——该段距离上的车辆加速度,$\mathrm{m/s^2}$。

由式(3-6)可以看出,该模型的解析解很难计算。

由于已知初速度 v_0 及积分总长度 L(难行线由峰顶至Ⅲ部位入口处的距离),可以考虑采用数值解法进行近似计算,即从峰顶开始,将溜放距离 L 分为 N 等份(N 的大小取决于计算精度要求,记为 s_N),假设车辆在 s_N 上受到的单位基本阻力和单位风阻力均不变,由式(3-6)可以近似计算出车辆溜放时间 t_N,以及 s_N 段的末速度,也就是下一段 s_{N+1} 的初速度,逐步向前递推计算就可以近似计算出车辆溜放时间。

由峰顶到难行线打靶区末端的走行时间最小值可以表示为:

$$\min T = \sum_{j=1}^{N} t_j \times w_e^j \tag{3-7}$$

式中:t_j——车辆在第 j 段上的溜放时间,s;

w_e^j——第 j 段溜放距离所在线路的权重系数。

采用数值逼近方法求解时,需要确定式(3-6)中车辆溜放加速度 a。

车辆在驼峰纵断面上溜放受力分析如图3-6所示。

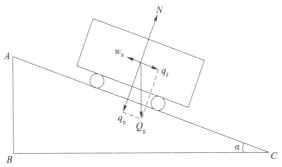

图3-6　车辆在驼峰纵断面上溜放受力分析

图3-6中，AC 为车辆的溜放坡道，质量为 $Q(t)$ 的车辆所受重力 Q_g 可分解为两个分力：与坡道垂直的分力 $q_p(N)$ 和与坡道平行的分力 $q_f(N)$；与坡道垂直的分力产生与运动方向相反的滚动摩擦力 $w_b(N)$；倾角 α 的正切函数 $\tan\alpha$ 为坡段的坡度值，用 $i‰$ 表示。由于驼峰各坡段的坡度最大不超过 55‰，因此有：

$$\sin\alpha \approx \tan\alpha = i‰ \tag{3-8}$$

式中：i——线路坡度，‰，下坡坡度为正，上坡坡度为负。

分力 q_f 可用式(3-9)表示，其中 g' 为考虑了转动惯量的重力加速度(km/s^2)。

$$q_f = Q \times 10^3 \times g' \times \sin\alpha \approx Qg'i \tag{3-9}$$

车辆所受减速力包括基本阻力、风阻力、道岔附加阻力和曲线附加阻力，减速力计算公式为：

$$w_b = (w_j + w_f) \times Q \times g' + w_d + w_q \tag{3-10}$$

式中：w_b——车辆所受总阻力，N；

w_j——车辆所受单位基本阻力，N/kN；

w_f——车辆所受单位风阻力，N/kN；

w_d——车辆所受道岔阻力，N；

w_q——车辆所受曲线阻力，N。

道岔附加阻力计算如下：

驼峰所用道岔多数为 6 号对称道岔，其参数如图 3-7 所示。

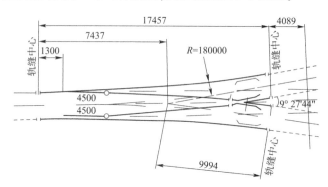

图 3-7 6 号对称道岔参数示意(尺寸单位：mm)

根据《铁路驼峰及调车场设计规范》(TB 10062—2018)，每组逆向道岔能高消耗为 0.024m，假设车辆在道岔上受力均匀，得：

$$Q \times 10^3 \times g' \times 0.024 = w_d \times 17.457 \tag{3-11}$$

导出：

$$w_{\mathrm{d}} = 1.375Qg' \tag{3-12}$$

根据《铁路驼峰及调车场设计规范》(TB 10062—2018),每度曲线转角消耗的能高为 0.008m。假设车辆在曲线上受力均匀,得:

$$Q \times 10^3 \times g' \times 0.008 = w_{\mathrm{q}} \times \frac{2\pi R_{\mathrm{q}}}{360} \tag{3-13}$$

得到:

$$w_{\mathrm{q}} = 1440 \frac{Qg'}{\pi R_{\mathrm{q}}} \tag{3-14}$$

式中:R_{q}——曲线半径,m。

将式(3-12)、式(3-14)代入式(3-10),由加速度计算公式可以算出加速度 a:

$$a = \left(i - w_{\mathrm{j}} - w_{\mathrm{f}} - 1.375k_{\mathrm{d}} - \frac{1440}{\pi R_{\mathrm{q}}}k_{\mathrm{q}}\right) \times g' \times 10^{-3} \tag{3-15}$$

式中:k_{d}——道岔附加阻力系数,车辆在道岔上取 1,否则取 0;

k_{q}——曲线附加阻力系数,车辆在曲线上取 1,否则取 0。

(4)模型约束条件。

①变坡点位置约束。

根据《铁路驼峰及调车场设计规范》(TB 10062—2018),变坡点距离减速器制动位、道岔尖轨和辙叉部分不小于竖曲线的切线长 T_{vc}:

$$T_{\mathrm{vc}} = \frac{R_{\mathrm{s}}\Delta i}{2 \times 1000} \tag{3-16}$$

式中:R_{s}——竖曲线半径,m;

Δi——相邻坡度代数差,‰。

假设减速器或道岔基本轨始端在变坡点前方,其始端坐标为 x_{s},则满足:

$$x_{\mathrm{j}} \leqslant x_{\mathrm{s}} - T_{\mathrm{vc}} \tag{3-17}$$

峰顶邻接压钩坡的竖曲线半径不应小于 350m,邻接加速坡为 350m,溜放部分其他坡段不应小于 250m。

②以 1.4m/s 的推峰速度解体车列,在溜车有利条件下,易行车通过各分路道岔的速度($v_{\mathrm{er}}^{\mathrm{ad}}$)不应大于计算保护区段长度所采用的速度($v_{\mathrm{max}}^{\mathrm{in}}$),进入减速器的速度不应大于其最高允许速度。

$$v_{\mathrm{er}}^{\mathrm{ad}} \leqslant v_{\mathrm{max}}^{\mathrm{in}} \tag{3-18}$$

由于 6 号对称道岔侧向最高允许通过速度为 35km/h,即 9.72m/s,大于减速器的 7.00m/s 最大允许入口速度。

③为保证车辆被夹停后能够继续溜放,减速器所在线路坡度 I_r 不小于车辆能够自行溜放的坡度最小值 I_c^{min}。

$$I_r \geqslant I_c^{min} \tag{3-19}$$

④加速区 I_a 允许最大、最小坡度范围:

$$I_a^{min} \leqslant I_a \leqslant I_a^{max} \tag{3-20}$$

参考《铁路驼峰及调车场设计规范》(TB 10062—2018),加速区坡度范围为 35‰~55‰。

⑤参照设计规范,驼峰峰高应保证在溜车不利条件下,以 1.4m/s 的推峰速度解体车列时,难行车自由溜放至难行线打靶区末端达到调速系统规定速度。根据本节设定的优化范围,难行车自由溜放至优化区段末端速度不低于一定值。

$$v_d^{hard} \geqslant v_{cs} \tag{3-21}$$

式中: v_d^{hard} ——难行车在打靶区末端速度,m/s;

v_{cs} ——调速系统规定速度,m/s。

⑥溜车不利条件下,以 1.4m/s 推峰速度连续溜放难—中—难单钩车通过减速器、各分路道岔和警冲标时,应有足够的间隔。对于点连式调速系统的驼峰来说,由于设置的间隔制动位可以起到调节难易行车溜放速度,进而调节难易行车溜放时间间隔的作用,只需重点保证在间隔制动位峰顶至间隔制动位之间难—中—难钩车组合能够保持一定间隔时间即可,即:

$$\frac{L_{hr} + L_{er}}{2v_0} - (t_{hr}^{da} - t_{er}^{da}) \geqslant t_{turn} \tag{3-22}$$

式中: L_{hr}、L_{er} ——难、中行车长度,m;

t_{hr}^{da}、t_{er}^{da} ——不利溜放条件下难行车、中行车由峰顶溜放至道岔、减速器或警冲标始端的时间,s;

t_{turn} ——道岔转换、减速器制动或缓解动作时间,s。

⑦相邻变坡点坐标约束。

前方变坡点坐标必须大于后方变坡点坐标,且两个变坡点之间要满足最小间距约束。

$$x_{np} - x_{bp} > l_{min}^g \tag{3-23}$$

式中: x_{np} ——前方变坡点坐标;

x_{bp} ——后方变坡点坐标;

l_{min}^g ——坡度最短长度,m。

综上所述,驼峰溜放部分纵断面设计优化模型为:

$$\begin{cases} \min H_{\text{峰}} = \sum_{j=1}^{m}(x_j - x_{j-1})i_j \\ \min T = \sum_{j=1}^{N} t_j \times w_{\text{e}}^j \end{cases} \quad (3\text{-}24)$$

$$\text{s.t.} \begin{cases} x_j \leqslant x_s - T_s \\ v_{\text{er}}^{\text{ad}} \leqslant v_{\text{max}}^{\text{in}} \\ \Delta I_{\min} \leqslant |i_j - i_{j-1}| \leqslant \Delta I_{\max} \\ I_{\text{r}} \geqslant I_{\text{c}}^{\min} \\ I_{\text{g}}^{\min} \leqslant I_{\text{g}} \leqslant I_{\text{g}}^{\max} \\ v_{\text{d}}^{\text{hard}} = 1.4 \dfrac{L_{\text{hr}} + L_{\text{er}}}{2v_0} - (t_{\text{hr}}^{\text{da}} - t_{\text{er}}^{\text{da}}) \geqslant t_{\text{turn}} \\ x_{\text{np}} - x_{\text{bp}} > l_{\min}^{\text{g}} \end{cases} \quad (3\text{-}25)$$

3.2.2 模型求解算法

上述模型属于多目标优化(Multiobjective Optimization Problem, MOP)模型，决策变量为纵断面坡度(i)和变坡点坐标(x)。峰高和溜放时间(加权走行时间)两个目标之间通过决策变量相互制约。两目标的度量单位不一致，很难客观地评价多目标问题解的优劣。峰高最优值和加权走行时间最短值不会同时出现，峰高的优化会引起加权走行时间的增加。解决这类问题的最终办法是在峰高和溜放时间两个目标之间进行协调权衡和折中处理，使各个目标函数尽可能达到较优。

多目标优化与单目标优化问题的本质区别是，多目标问题的解决方案不是唯一的，而是存在一个最优解集合，即 Pareto 解或非劣解集。所谓 Pareto 最优解就是不存在比这个解方案至少一个目标更好而其他目标不劣化的更好解，也就是不可能优化其中部分目标而使其他目标不劣化。

以往对多目标优化问题的处理是通过加权等方式转化为单目标问题，然后用数学规划的方法来求解。由于多目标优化问题的目标函数和约束函数可能是非线性、不可微或不连续的，传统的数学规划方法往往效率较低，且它们对于权重值或目标给定的次序较敏感。本节将采用 NSGA-Ⅱ 遗传进化算法求 Pareto 解。

(1)算法流程。

NSGA-Ⅱ算法流程如图 3-8 所示。

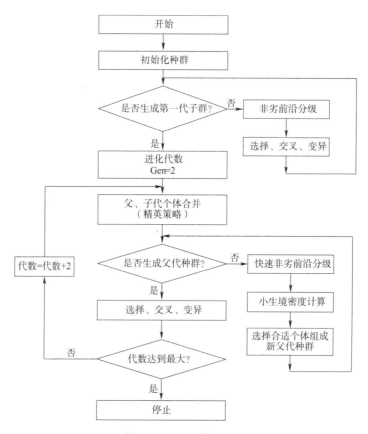

图3-8 NSGA-Ⅱ算法流程

(2)决策变量取值范围及编码规则。

①变坡点 x 坐标取值范围。

驼峰难行线平面展开示意图如图3-9所示。

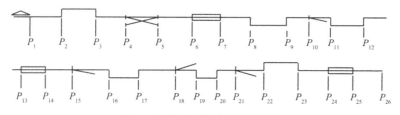

图3-9 驼峰难行线平面展开示意图

图3-9中,P_1为峰顶,P_2、P_3、P_8、P_9、P_{11}、P_{12}、P_{16}、P_{17}、P_{19}、P_{20}、P_{22}、P_{23}分别为曲线的始端和末端,P_4、P_5、P_{10}、P_{15}、P_{18}、P_{21}分别为道岔中心坐标,P_6、P_7、P_{13}、P_{14}、P_{24}、

P_{25} 分别为减速器始端和终端,P_{26} 为打靶区末端。

参考驼峰设计及运营实践经验,本节假设驼峰第一加速坡长度大于或等于 28m。参考《铁路驼峰及调车场设计规范》(TB 10062—2018),将驼峰溜放部分坡度大致以 Ⅰ、Ⅱ 部位减速器为分界点划分为加速区、高速区和减速区。各坡段变坡点取值范围见表 3-1。

各坡段变坡点取值范围 表 3-1

坡段	变坡点取值范围
加速坡	$[28, x_{P_2} - T_{vc}] \cup [x_{P_2} + T_{vc}, x_{P_3} - T_{vc}] \cup [x_{P_3} + T_{vc}, x_{P_4} - 7.437 - T_{vc}] \cup [x_{P_5} + 7.437 + T_{vc}, x_{P_6} - T_{vc}]$
高速坡	$[x_{P_7} + T_{vc}, x_{P_8} - T_{vc}] \cup [x_{P_8} + T_{vc}, x_{P_9} - T_{vc}] \cup [x_{P_9} + T_{vc}, x_{P_{10}} - 7.437 - T_{vc}] \cup [x_{P_{10}} + 9.994 + T_{vc}, x_{P_{11}} - T_{vc}] \cup [x_{P_{11}} + T_{vc}, x_{P_{12}} - T_{vc}] \cup [x_{P_{12}} + T_{vc}, x_{P_{13}} - T_{vc}]$
道岔区坡	$[x_{P_{14}} + T_{vc}, x_{P_{15}} - 7.437 - T_{vc}] \cup [x_{P_{15}} + 9.994 + T_{vc}, x_{P_{16}} - T_{vc}] \cup [x_{P_{16}} + T_{vc}, x_{P_{17}} - T_{vc}] \cup [x_{P_{17}} + T_{vc}, x_{P_{18}} - 7.437 - T_{vc}] \cup [x_{P_{18}} + 9.994 + T_{vc}, x_{P_{19}} - T_{vc}] \cup [x_{P_{19}} + T_{vc}, x_{P_{20}} - T_{vc}] \cup [x_{P_{20}} + T_{vc}, x_{P_{21}} - 7.437 - T_{vc}] \cup [x_{P_{21}} + 9.994 + T_{vc}, x_{P_{22}} - T_{vc}] \cup [x_{P_{22}} + T_{vc}, x_{P_{23}} - T_{vc}] \cup [x_{P_{23}} + T_{vc}, x_{P_{24}} - T_{vc}]$

②坡度 i 取值范围。

为减少模型计算工作量,参考《铁路驼峰及调车场设计规范》(TB 10062—2018),将各坡段取值范围作如下限定(为获得较优结果,将取值范围在 TB 10062 基础上进行一定程度的放大)(表 3-2)。

驼峰溜放部分各坡段取值范围 表 3-2

第一加速坡	第二加速坡	高速坡	道岔区坡
35‰ ~ 55‰	10‰ ~ 20‰	5‰ ~ 15‰	-1‰ ~ 5‰

③编码规则。

采用二进制编码,编码形式为:

$$u_k = [i_1, i_2, \cdots, i_m, x_1, x_2, \cdots, x_m] \tag{3-26}$$

式中:u_k——第 k 条染色体;

i_m——第 m 个坡段的坡度,‰,$m = 1, 2, \cdots$

x_m——第 m 个坡段的坡长,m,$m = 1, 2, \cdots$

坡度取值范围为 -1‰ ~ 55‰。设计坡度值 i' 与转换后的坡度值 i 的关系为:

$$i' = (i+1) \times 10 \tag{3-27}$$

根据坡度计算精度,二进制编码长度 λ_i 满足:

$$2^{\lambda_i} = \frac{560-0}{1} + 1 = 561$$

由于 $2^9 < 2^{\lambda_i} < 2^{10}$,求解出 $\lambda_i = 10$。

对于纵断面坡长,为了便于施工及运营维护,将编码精度取为 1m。常见驼峰纵断面坡长取值范围一般为 15~200m。根据二进制编码规则,坡长的二进制编码长度为 8。

3.2.3 模型参数标定

(1)减速器参数。

我国铁路编组站驼峰溜放部分常用减速器型号有 T·JK、T·JK2-A(50)、TJK3-A(50),其制动、缓解时间参数见表 3-3。

常用减速器制动、缓解时间参数　　　　　表 3-3

减速器型号		T·JK2	T·JK2-A(50)	T·JK	T·JK3-A(50)
制动时间	制动(s)	0.6	0.6	0.6~1.0	0.8
	全制动(s)			1.4	
缓解时间	缓解(s)	0.5	0.4	0.8~1.23	0.4
	全缓解(s)	0.9	0.6	1.94	0.8

(2)道岔参数。

道岔转换设备主要有电动、电空和电液三种。我国编组站驼峰溜放部分减速器主要采用重力式气动减速器,并配有气动式减速器所需空气压缩站。为节省建设投资,道岔转换设备往往采用电空类型,如 ZK3 型电空转辙机,其道岔转换时间 ≤0.6s。

(3)其他参数标定。

驼峰设计温度、风速、计算车型的选取等参数,需根据具体驼峰确定。

3.2.4 典型驼峰峰高及纵断面优化设计

(1)大能力驼峰峰高及纵断面优化设计。

以 36 股道驼峰头部溜放部分为例,驼峰头部平面图如附图 1 所示。36 股道驼峰头部难行线展开如图 3-10 所示。各节点坐标见表 3-4。

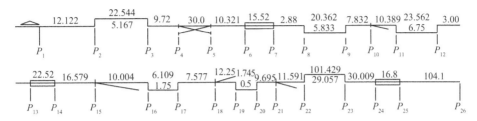

图 3-10　36 股道驼峰头部难行线平面展开图

峰顶至纵断面各点坐标　　　　　　　　　　　　　　　　表 3-4

节点	坐标(m)	节点	坐标(m)	节点	坐标(m)	节点	坐标(m)
p_1	0.000	P_8	103.107	P_{15}	207.351	P_{22}	266.322
P_2	12.122	P_9	123.469	P_{16}	217.355	P_{23}	367.751
P_3	34.666	P_{10}	131.301	P_{17}	223.464	P_{24}	397.76
P_4	44.386	P_{11}	141.69	P_{18}	231.041	P_{25}	414.56
P_5	74.386	P_{12}	165.252	P_{19}	243.291	P_{26}	518.66
P_6	84.707	P_{13}	168.252	P_{20}	245.036		
P_7	100.227	P_{14}	190.772	P_{21}	254.731		

难行线曲线要素见表 3-5。

难行线曲线要素　　　　　　　　　　　　　　　　表 3-5

曲线编号	曲线转角 α(°)	曲线半径 R(m)	切线长 T(m)	曲线长(m)
JD_3	5°0′0″	250	11.280	22.544
JD_5	5°0′0″	200	10.190	20.362
JD_7	6°5′0″	200	11.795	23.562
JD_{11}	1°5′0″	200	3.054	6.109
JD_{23}	0°30′0″	200	0.873	1.745
JD_{30}	29°1′36″	200	51.773	101.322

为防止变坡点过多影响车辆溜放速度及驼峰维护工作量,同时减少模型优化计算量,参考《铁路驼峰及调车场设计规范》(TB 10062—2018),加速区、高速区和道岔区变坡点数量分别设置为 2 个、2 个、2 个,合计 6 个。由此,染色体编码为:

$$u_k = [i_1, i_2, \cdots, i_6, x_1, x_2, \cdots, x_6] \tag{3-28}$$

驼峰设计气候条件见表 3-6。

驼峰设计气候条件　　　　　　　　　　　表 3-6

不利条件		有利条件	
气温(℃)	-5	气温(℃)	27
风速(m/s)	4	风速(m/s)	0
风向(β)	0	风向(β)	0

根据表 3-4、前文所述变坡点取值范围以及设定的驼峰变坡点数量,得到驼峰合理变坡点坐标取值范围,见表 3-7。

驼峰合理变坡点取值范围表　　　　　　　表 3-7

变坡点	取值范围
x_1	$[28, 34.666 - T_{vc}]$
x_2	$[81.823 + T_{vc}, 84.707 - T_{vc}]$
x_3	$[103.107 + T_{vc}, 123.469 - T_{vc}] \cup [141.690 + T_{vc}, 165.252 - T_{vc}]$
x_4	$[190.772 + T_{vc}, 199.914 - T_{vc}]$
x_5	$[266.322 + T_{vc}, 367.751 - T_{vc}]$
x_6	$397.76 - T_{vc}$

因分界点 x_2、x_6 取值范围较小,为减少程序计算工作量,分别对 x_2、x_6 取固定值 83.000m、393.660m。

为计算加权走行时间,确定各分路道岔连接股道数量及分界点坐标,见表 3-8。

分路道岔连接股道数及坐标值　　　　　　表 3-8

分路道岔分界点	连接股道数	坐标	坐标值
x_{t_1}	34	$x_{p_4} + 9.994$	54.380
x_{t_2}	17	$x_{p_{10}} + 9.994$	141.295
x_{t_3}	5	$x_{p_{15}} + 9.994$	217.345
x_{t_4}	2	$x_{p_{21}} + 9.994$	264.725

难行线上道岔、曲线(含道岔转角)始端、终端坐标及转角数据见表3-9。

难行线上道岔、曲线始端、终端坐标及转角数据　　　表3-9

编号	起点坐标	终点坐标	曲线半径(m)	曲线转角(°)
JD_3	12.122	34.666	250	5
道岔209	36.949	54.38	180	4.731
道岔215	64.392	81.823	180	4.731
JD_5	103.107	123.469	200	5
道岔217	123.864	141.295	180	4.731
JD_7	141.69	165.252	200	6.08
道岔225	199.914	217.345	180	4.731
JD_{11}	217.355	223.464	200	1.08
道岔227	223.604	241.035	180	4.731
JD_{23}	243.291	245.036	200	0.5
道岔229	247.294	264.725	180	4.731
JD_{30}	266.322	367.751	200	29.09

计算车型选P_{70}，正面受风面积$9.82m^2$，质量30t。中行车取敞车，总重70t。

《铁路驼峰及调车场设计规范》(TB 10062—2018)要求：难行车在不利溜放条件下溜至打靶区末端时不低于调速系统规定速度。对于点连式调速控制系统，溜放至打靶区末端速度不低于5km/h(1.4m/s)。难行车在不利溜放条件下溜放至打靶区末端达到1.4m/s时，进入前方顶群区很快会停下，造成"堵门"。为此，适当提高难行车在不利溜放条件下的出口速度，能够使驼峰在运营时减少"堵门"现象，提高作业效率。参考已有驼峰设计经验，将难行车不利溜放条件打靶区末端速度提高至2.5m/s，倒推出难行车在不利溜放条件下，优化区段末端速度为3.6m/s。

根据本节所建模型及算法，计算得到模型计算结果，见表3-10。

表3-10中均为可行解。为求得最优解，计算出表3-10中峰高增幅与累计加权走行时间降幅，见表3-11。

计算结果

表 3-10

序号	加速坡1 (‰)	加速坡2 (‰)	高速坡1 (‰)	高速坡2 (‰)	道岔区坡1 (‰)	道岔区坡2 (‰)	加速坡1变坡点坐标(m)	加速坡2变坡点坐标(m)	高速坡1变坡点坐标(m)	高速坡2变坡点坐标(m)	道岔区坡1变坡点坐标(m)	道岔区坡2变坡点坐标(m)	优化末端出口速度(m/s)	打靶区末端速度(m/s)	峰高(m)	加权走行时间(s)
1	40.1	15.7	7.4	6.3	2.6	1.5	28	83	117	199	352	393.660	3.620	2.521	3.216	907.970
2	45.1	14.1	6.9	6.8	1.4	3.9	28	83	146	196	336	393.660	3.653	2.563	3.233	881.956
3	50.1	13	6.8	8.3	1.6	1.5	28	83	152	193	311	393.660	3.602	2.499	3.240	850.540
4	50.2	12.8	9.5	5.6	1.3	1.9	28	83	146	195	362	393.660	3.603	2.500	3.250	845.236
5	48.8	16.6	6.7	5.3	1.1	3.9	29	83	106	194	356	393.660	3.628	2.532	3.263	840.925
6	48.5	14.5	12.9	5.1	1.4	1.5	30	83	107	195	266	393.660	3.645	2.553	3.278	837.819
7	53.1	12.4	5.6	6.0	2.7	1.7	29	83	115	191	277	393.660	3.667	2.581	3.280	833.719
8	49.0	19.0	5.4	5.1	1.0	1.9	29	83	116	192	316	393.660	3.640	2.547	3.289	828.387
9	54.1	12.5	8.3	9.7	1.1	−0.8	28	83	107	195	297	393.660	3.620	2.521	3.299	818.293
10	53.5	15.8	5.4	7.0	1.7	0.5	30	83	153	195	268	393.660	3.647	2.555	3.307	807.339
11	54.2	16.1	6.4	9.1	0.2	−0.4	29	83	154	198	355	393.660	3.634	2.539	3.325	803.547
12	54.5	17.3	5.9	5.4	0.2	1.9	29	83	142	198	320	393.660	3.675	2.590	3.327	801.044
13	55.0	16.9	12.7	5.2	0.9	−0.4	28	83	111	198	350	393.660	3.790	2.733	3.395	793.552
14	54	18.2	7.6	8.0	0.7	−1.0	30	83	163	194	332	393.660	3.922	2.893	3.476	786.646
15	54.2	17.4	10.7	5.7	0.4	−0.4	30	83	146	198	298	393.660	3.997	2.958	3.521	782.696
16	54.7	19.2	6.5	9.6	0.7	−0.8	29	83	120	196	338	393.660	4.234	3.260	3.645	781.517
17	53.7	19.8	10.6	6.2	3.4	−0.6	30	83	110	194	281	393.660	4.346	3.389	3.700	778.129
18	54.5	19.4	8.3	6.6	0.6	2.7	30	83	150	198	353	393.660	4.461	3.520	3.746	776.755
19	54.3	19.3	8.0	8.2	4.1	1.1	30	83	117	196	286	393.660	4.997	4.116	4.058	774.515
20	54.7	20	9.2	8.3	4.1	0.1	29	83	117	194	307	393.660	5.022	4.144	4.089	772.025

峰高增幅与累计加权走行时间降幅表　　　　　表 3-11

序号	1	2	3	4	5	6	7	8	9	10
峰高增幅(%)	—	0.529	0.217	0.309	0.400	0.460	0.061	0.274	0.304	0.242
累计加权走行时间增幅(%)	—	-2.865	-3.562	-0.624	-0.510	-0.369	-0.489	-0.640	-1.219	-1.339
序号	11	12	13	14	15	16	17	18	19	20
峰高增幅(%)	0.544	0.060	2.044	2.386	1.295	3.522	1.509	1.243	8.329	0.764
累计加权走行时间增幅(%)	-0.470	-0.311	-0.935	-0.870	-0.502	-0.151	-0.434	-0.177	-0.288	-0.321

从表 3-11 可以看出,随着峰高的增加,车辆累计加权走行时间逐渐缩短。在 2~12 号解之间,峰高总体上增幅小于累计加权走行时间的降幅,这表示峰高增加的"效用"较大;13~20 号解之间,峰高增幅小于累计加权走行时间降幅,表示峰高增加的"效用"有所降低。从峰高增加的效用上看,12 号解为最佳解。从表 3-10、表 3-11 中得到大能力驼峰纵断面设计坡段及坡度推荐参考范围:

①加速区的第一加速坡坡段尽可能大,即坡度尽可能陡,推荐坡度为 50‰~55‰,这样能够使车辆脱钩后迅速加速,缩短咽喉部位也就是权重较大区段走行时间;坡长为 28~30m。第二加速坡推荐坡度为 15‰~20‰,以便使设计车型继续加速,快速通过咽喉部位,坡长为 50~55m,变坡点在交分道岔与 Ⅰ 制动位之间。

②高速区坡度取 5‰~10‰,略大于设计车型的单位基本阻力和单位风阻力之和的折算坡度,可使设计车型能够保持高速溜放。在坡长方面,为使车辆能够迅速从高权重区段溜放到低权重区段,建议适当增加第一坡长,变坡点设在第二分路道岔与 Ⅱ 制动位之间;适当缩短第二个坡长,变坡点设在沿车辆溜行方向的 Ⅱ 制动位前方。

③道岔区坡度取 -1‰~2‰。此时,车辆以较高速度进入权重较低的线路,已不需要较高速度;同时需要适当减速,为实现调车线安全连挂做准备。坡长方面,由于平面曲线、道岔较多,变坡点一般设在较大转角的曲线范围内。

(2)中能力驼峰峰高及纵断面优化设计。

中能力驼峰平面设计图如附图 2 所示,打靶区长度 100m。其难行线为股道 2 和股道 3 之一。为确定难行线股道,分别计算两股道由峰顶至打靶区末端线路、曲线及道岔数量,见表3-12。

中能力驼峰股道线路情况对比表　　　　表3-12

比较项目	峰顶至Ⅲ部位入口长度(m)	曲线转角(°)	逆向道岔数量
2道	330.924	55.785	4.5
3道	329.358	61.746	5.5

由表3-12中数据可以推断出,驼峰难行线为3股道,其平面展开图如图3-11所示。

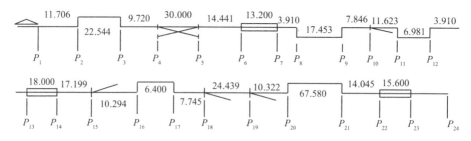

图3-11　中能力驼峰难行线平面展开图

峰顶至纵断面各节点坐标见表3-13。

峰顶至纵断面各节点坐标　　　　表3-13

节点	坐标	节点	坐标	节点	坐标	节点	坐标
P_1	0.000	P_7	101.611	P_{13}	153.334	P_{19}	237.411
P_2	11.706	P_8	105.521	P_{14}	171.334	P_{20}	247.733
P_3	34.250	P_9	122.974	P_{15}	188.533	P_{21}	315.313
P_4	43.970	P_{10}	130.820	P_{16}	198.827	P_{22}	329.358
P_5	73.970	P_{11}	142.443	P_{17}	205.227	P_{23}	344.958
P_6	88.411	P_{12}	149.424	P_{18}	212.972	P_{24}	449.658

驼峰溜放部分难行线曲线要素见表3-14。

驼峰溜放部分难行线曲线要素　　　　表3-14

曲线编号	曲线转角 α	曲线半径 R(m)	切线长 T(m)	曲线长(m)
JD_3	5°10′0″	250	11.28	22.544

续上表

曲线编号	曲线转角 α	曲线半径 R(m)	切线长 T(m)	曲线长(m)
JD_5	5°0′0″	200	8.732	17.453
JD_7	2°0′0″	200	3.491	6.981
JD_{12}	1°50′0″	200	3.2	6.4
JD_{21}	19°21′37″	200	34.115	67.58

为防止变坡点过多影响车辆溜放速度及驼峰维护工作量,同时减少模型优化计算量,参考《铁路驼峰及调车场设计规范》(TB 10062—2018),加速区、高速区和道岔区变坡点数量分别设置为2个、1个、2个,合计5个。中能力驼峰染色体编码方式及设计气象资料同大能力驼峰。

根据表3-13平面展开图数据、前文所述变坡点取值范围以及设定的驼峰变坡点数量,得到驼峰合理变坡点坐标取值范围,见表3-15。

驼峰合理变坡点坐标取值范围表 表3-15

变坡点	坐标取值范围
x_1	$[28, 34.250 - T_{vc}]$
x_2	$[81.407 + T_{vc}, 88.411 - T_{vc}]$
x_3	$[105.521 + T_{vc}, 122.974 - T_{vc}] \cup [171.334 + T_{vc}, 181.096 - T_{vc}]$
x_4	$[222.966 + T_{vc}, 229.974 - T_{vc}] \cup [247.733 + T_{vc}, 315.313 - T_{vc}]$
x_5	$329.358 - T_{vc}$

为计算加权走行时间,确定各分路道岔连接股道数量及分界点坐标,见表3-16。

分路道岔连接股道数及坐标值 表3-16

分路道岔分界点	连接股道数	坐标	坐标值
x_{t_1}	22	$x_{p_4} + 9.994$	53.964
x_{t_2}	11	$x_{p_{10}} + 9.994$	140.814
x_{t_3}	5	$x_{p_{15}} + 9.994$	198.527
x_{t_4}	4	$x_{p_{18}} + 9.994$	222.966
x_{t_5}	2	$x_{p_{19}} + 9.994$	247.405

难行线上道岔、曲线(含道岔转角)始端、终端坐标及转角数据见表3-17。

难行线上道岔、曲线始端、终端坐标转角数据　　表3-17

编号	起点坐标	终点坐标	曲线半径(m)	曲线转角 α
JD_3	11.706	34.250	250	5.167
道岔209	36.533	53.964	180	4.731
道岔215	63.976	81.407	180	4.731
JD_5	105.521	122.974	200	5
道岔217	123.383	140.814	180	4.731
JD_7	149.424	153.334	200	2
道岔221	181.096	198.527	180	4.731
JD_{12}	198.827	205.227	200	1.833
道岔225	205.535	222.966	180	4.731
道岔227	229.974	247.405	180	4.731
JD_{21}	247.733	315.313	200	19.360

其他条件同大能力驼峰。计算结果见表3-18。

计算表3-18中峰高增幅与累计加权走行时间降幅,见表3-19。

从表3-19可以看出,随着峰高的增加,车辆累计加权走行时间逐渐缩短。在2~4号解之间,峰高总体上增幅小于累计加权走行时间的降幅,这表示峰高增加的"效用"较大;5~10号解之间,总体上峰高增幅大于累计加权走行时间降幅,表示峰高增加的"效用"有所降低。从峰高增幅"效用"的角度来看,4号解为最佳解。从表3-18、表3-19得到中能力驼峰纵断面设计坡段及坡度推荐参考范围:

①与大能力驼峰相似,纵断面第一加速坡尽可能陡,坡度在50‰~55‰,坡长在30m左右;第二加速坡也较陡,坡度在15‰~20‰,坡长在55m左右,使溜放车辆能够继续加速。

②从模型计算结果来看,中能力驼峰没有高速区,车辆溜放速度模式为先加速后减速。

③道岔区坡设置两个坡度,范围为0.5‰~1.5‰。变坡点一般设在较大转角的曲线范围内。

表 3-18 计算结果

序号	加速坡1 (‰)	加速坡2 (‰)	高速坡 (‰)	道岔区坡1 (‰)	道岔区坡2 (‰)	加速坡1变坡点坐标(m)	加速坡2变坡点坐标(m)	高速坡变坡点坐标(m)	道岔区坡1变坡点坐标(m)	道岔区坡2变坡点坐标(m)	优化末端出口速度(m/s)	打靶区末端速度(m/s)	峰高(m)	加权走行时间(s)
1	47.5	12.8	4.9	2.5	-0.6	28	82	122	305	324.658	3.517	2.390	2.658	596.473
2	53.2	10.2	5.4	2.1	2.0	29	85	107	307	324.658	3.553	2.436	2.680	578.114
3	48.6	17.6	7.7	0.5	-0.5	29	83	119	305	324.658	3.555	2.439	2.728	565.211
4	53.6	18.5	0.5	0.9	0.4	29	84	180	297	324.658	3.561	2.447	2.735	551.411
5	54.8	18.5	1.5	0.9	1.1	28	82	113	251	324.658	3.700	2.622	2.781	549.357
6	53.3	19.2	2.7	1.5	1.2	28	82	173	273	324.658	4.208	3.230	2.988	546.018
7	54.8	15.8	5.3	2.8	-0.2	29	84	120	273	324.658	4.376	3.423	3.068	541.356
8	54.8	15.8	8.3	3.7	-0.1	29	84	109	227	324.658	4.392	3.441	3.087	537.702
9	51.9	18.5	7.8	2.2	2.8	30	82	177	305	324.658	5.429	4.584	3.595	531.609
10	54.2	18.0	6.7	5.6	1.7	29	83	109	290	324.658	5.791	4.970	3.782	528.864

峰高增幅与累计加权走行时间降幅表　　　　　　　表3-19

序号	1	2	3	4	5	6	7	8	9	10
峰高增幅(%)	—	0.828	1.791	0.257	1.682	7.443	2.677	0.619	16.456	5.202
累计加权走行时间增幅(%)	—	-3.078	-2.232	-2.442	-0.372	-0.608	-0.854	-0.675	-1.133	-0.516

(3)小能力驼峰峰高及纵断面设计优化。

小能力驼峰平面设计图如附图3所示,打靶区长度100m。其难行线为1股道,平面展开示意图如图3-12所示。

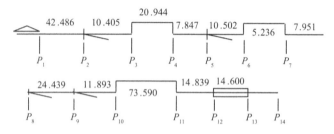

图3-12　小能力驼峰难行线平面展开示意

峰顶至纵断面各节点坐标见表3-20。

峰顶至纵断面各节点坐标　　　　　　　表3-20

节点	坐标	节点	坐标	节点	坐标	节点	坐标
P_1	0.000	P_5	81.682	P_9	129.810	P_{13}	244.732
P_2	42.486	P_6	92.184	P_{10}	141.703	P_{14}	344.732
P_3	52.891	P_7	97.420	P_{11}	215.293		
P_4	73.835	P_8	105.371	P_{12}	230.132		

驼峰溜放部分难行线曲线要素见表3-21。

驼峰溜放部分难行线曲线要素　　　　　　　表3-21

曲线编号	曲线转角 α	曲线半径 R(m)	切线长 T(m)	曲线长(m)
JD_1	6°0′0″	200	10.482	20.944
JD_3	1°30′0″	200	2.618	5.236
JD_7	23°25′28″	180	37.316	73.59

为防止变坡点过多影响车辆溜放速度及驼峰维护工作量,同时减少模型优化

计算量,参考《铁路驼峰及调车场设计规范》(TB 10062—2018),加速区、高速区和道岔区变坡点数量分别设置为 1 个、1 个、2 个,合计 4 个。小能力驼峰染色体编码方式及设计气象资料同大能力驼峰。

根据表 3-20、前文所述变坡点取值范围以及设定的驼峰变坡点数量,得到驼峰合理变坡点坐标取值范围,见表 3-22。

驼峰合理变坡点取值范围　　　　　表 3-22

变坡点	取值范围
x_1	$[28, 35.049 - T_{vc}]$
x_2	$[52.891 + T_{vc}, 73.835 - T_{vc}]$
x_3	$[115.365 + T_{vc}, 122.373 - T_{vc}]$
x_4	$[141.703 + T_{vc}, 215.293 - T_{vc}]$
x_5	$230.132 - T_{vc}$

为计算加权走行时间,确定各分路道岔连接股道数量及分界点坐标,见表 3-23。

分路道岔连接股道数及分界点坐标值　　　　　表 3-23

分路道岔分界点	连接股道数	坐标	坐标值
x_{t_1}	15	$x_{p_2} + 9.994$	52.480
x_{t_2}	8	$x_{p_5} + 9.994$	91.676
x_{t_3}	4	$x_{p_8} + 9.994$	115.365
x_{t_4}	2	$x_{p_9} + 9.994$	139.804

难行线上道岔、曲线(含道岔转角)始端、终端坐标及曲线转角数据见表 3-24。

难行线上道岔、曲线始端、终端坐标数据　　　　　表 3-24

编号	起点坐标	终点坐标	曲线半径(m)	曲线转角(°)
道岔 201	35.049	52.480	180	4.731
JD$_1$	52.891	73.835	200	6
道岔 203	74.245	91.676	180	4.731
JD$_3$	92.184	97.420	200	1.5
道岔 205	97.934	115.365	180	4.731
道岔 207	122.373	139.804	180	4.731
JD$_7$	141.703	215.293	180	23.424

其他条件同大能力驼峰。计算结果,见表 3-25。

计算结果

表 3-25

序号	加速坡1 (‰)	加速坡2 (‰)	高速坡 (‰)	减速坡1 (‰)	减速坡2 (‰)	加速坡1变坡点坐标	加速坡2变坡点坐标	减速坡1变坡点坐标	减速坡2变坡点坐标	减速坡3变坡点坐标	优化区末端速度 (m/s)	打靶区末端速度 (m/s)	峰高 (m)	加权走行时间 (s)
1	31.7	11.8	1.2	3.9	3.4	31	55	121	175	224.932	2.944	1.583	1.729	381.213
2	39.3	6.6	1.3	3.8	3.0	29	58	119	150	224.932	2.975	1.632	1.756	360.472
3	37.9	10.0	1.5	2.3	1.1	31	58	121	215	224.932	2.921	1.546	1.764	353.174
4	41.8	7.2	0.7	3.5	0.9	29	60	118	200	224.932	3.050	1.747	1.790	348.450
5	39.6	12.4	2.0	2.4	-0.7	30	69	120	152	224.932	2.904	1.519	1.798	338.582
6	45.2	6.1	1.9	1.3	-0.2	30	73	122	196	224.932	2.956	1.602	1.802	331.326
7	45.6	11.0	0.6	0.4	0.8	30	63	116	204	224.932	2.962	1.612	1.813	325.377
8	49.4	12.5	0.1	0.3	-0.3	30	58	121	154	224.932	2.926	1.554	1.827	314.401
9	48.2	17.2	0.0	0.0	-0.6	29	60	117	178	224.932	3.232	2.009	1.906	312.166
10	49.5	16.0	1.7	2.9	-0.5	30	60	116	146	224.932	4.009	2.996	2.111	304.389
11	48.0	19.6	1.8	3.2	-0.7	31	61	121	162	224.932	4.525	3.592	2.274	301.307
12	49.6	18.9	2.0	0.0	1.7	29	65	120	164	224.932	4.733	3.825	2.338	299.367
13	49.5	18.4	4.3	4.0	1.8	30	71	120	177	224.932	5.884	5.069	2.767	293.265

计算出表 3-25 中峰高增幅与累计加权走行时间增幅,见表 3-26。

峰高增幅与累计加权走行时间增幅　　　　表 3-26

序号	1	2	3	4	5	6	7
峰高增幅(%)	—	1.562	0.456	1.474	0.447	0.222	0.610
累计加权走时增幅(%)	—	−5.441	−2.025	−1.338	−2.832	−2.143	−1.796
序号	8	9	10	11	12	13	
峰高增幅(%)	0.772	4.324	10.756	7.721	2.814	18.349	
累计加权走时增幅(%)	−3.373	−0.711	−2.491	−1.013	−0.644	−2.038	

从表 3-26 可以看出,随着峰高的增加,车辆累计加权走行时间逐渐缩短。对于 2~8 号解,峰高总体上增幅小于累计加权走行时间的降幅,表明峰高增加的"效用"较大;9~10 号解之间,总体上峰高增幅大于累计加权走行时间降幅,表示峰高增加的效用有所降低。从峰高增幅效用的角度看,8 号解为佳解。

从表 3-25、表 3-26 得到中能力驼峰纵断面设计坡段及坡度推荐参考范围:

①由于没有间隔制动,小能力驼峰第一加速坡坡度较低,坡度范围在 45‰~50‰,坡长在 30m 左右;第二加速坡坡度在 6‰~19‰,坡长在 60m 左右。

②与中能力驼峰相似,小能力驼峰也可不设高速坡,坡度范围在 1‰~3‰。

③小能力驼峰道岔区坡坡度较小,甚至存在反坡,坡度范围在 −0.7‰~2‰。

3.3　基于自动提钩的驼峰头部纵断面优化设计

长期以来,国内外驼峰解体作业一直采用人工提钩方式,存在劳动强度大、作业效率低等问题,尤其是在小钩、碎钩情况下,调车机车不得不减速甚至停轮。此外,漏提、错提等问题偶有发生,调机不得不回迁车列、重新溜放,严重影响驼峰作业效率。为提高驼峰解体效率,国内外科研人员开始研究自动提钩技术。近年来,随着计算机辅助设计、图像识别、深度学习等新兴技术的快速发展,自动提钩机器手臂设计与控制、基于视觉的车钩识别及捕捉、提钩机器人路径规划等研究成果相继涌现,使得自动提钩技术距离实际应用更进一步。

相较于传统提钩方式,自动提钩技术下的提钩机器人具有更快的反应速度、更精准的控制能力,能够适应更高的推峰速度,进而提升驼峰的解体作业效率。

更高的推峰速度意味着更大的车组初始动能、更短的车组溜放间隔时间,这在对调速控制提出更高要求的同时,对驼峰头部纵断面设计也提出了新的要求。因此,有必要在货车重载化背景下,系统研究基于自动提钩技术的驼峰头部纵断面优化设计方法。

3.3.1 自动提钩对驼峰头部纵断面设计影响分析

(1) 自动驼峰系统概述。

自动提钩系统(图3-13)主要由地面(或悬挂)滑轨、提钩手臂、速度测算模块、图像识别模块及后台的控制与网络模块组成。自动提钩系统工作时,首先读取车列的解体计划,根据解体计划生成提钩计划方案,由控制模块控制提钩手臂沿推峰方向运动,通过速度测算模块使提钩手臂与车列保持相对静止,并通过图像识别模块定位车钩位置,根据提钩计划在预定位置完成提钩工作。

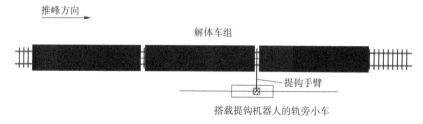

图3-13 自动提钩系统示意

(2) 自动提钩技术对驼峰溜放部分纵断面设计的影响。

与人工提钩方式相比,自动提钩技术可以更加精准地计算提钩时机与地点,保证提钩作业的质量,有效减少错提、漏提等作业事故的发生。此外,自动提钩技术较快的反应速度使其能灵活高效地处理小钩、碎钩等作业情况,可以进一步提高驼峰解体作业的推峰速度。自动提钩技术对驼峰溜放部分纵断面设计的影响主要体现在以下两个方面:

①溜放车组的初始动能增加。

因为搭载提钩机器人的轨旁小车在滑轨上移动速度比提钩作业人员快,驼峰解体作业的推峰速度可以进一步提升,车组的初始动能也会增大。由于第一分路道岔转换间隔时间、最大允许入口速度及第一制动位最大允许入口速度有限制,驼峰的加速坡需重新设计。

②难—中钩车组合间隔减小。

为确保车辆溜放安全,驼峰纵断面的设计需考虑前后钩车的时空间隔。而推峰速度的提高不但会缩短难—中钩车通过分路道岔、制动位的间隔,还会缩短分路道岔转换、减速器工作状态转换时间。因此,需要根据缩短后的间隔时间重新设计驼峰的纵断面。

3.3.2 模型构建

(1)模型假设。

①驼峰设计计算车型。

为尽可能满足未来21t、23t及27t轴重通用货车混合应用的情况,本节参考文献[5]中的结论,选择的计算车型为:难行车为总重36t的不满载P_{80}货车,中行车为总重77t的不满载C_{70}货车,易行车为总重106t的满载C_{80}货车。

②在打靶区溜行的车辆可与打靶区有效长范围内任何地点的停留车安全连挂。为实现这一目标,打靶区的纵断面坡度为不需要优化的固定值。因此,本节将优化区域范围限定为峰顶至调车场制动位减速器入口。

(2)模型变量说明。

模型变量说明见表3-27。

模型变量说明　　　　　　　　　　　　表3-27

变量名称	变量含义	变量名称	变量含义
a	道岔始端至道岔中心的距离(m)	i_j	坡段j的坡度(‰)
$a_n^{s+\Delta s}$	$s+\Delta s$片段车辆的加速度(m/s²)	$i_j^{\min}$	坡段j的最小取值(‰)
b	辙叉跟端至道岔中心距离(m)	$i_j^{\max}$	坡段j的最大取值(‰)
$F(a_n^{s+\Delta s}, t_n^{s+\Delta s}, v_n^{s+\Delta s})$	$s+\Delta s$片段车辆的运动状态函数	k_c	车辆处于曲线上取1,否则取0
H_{ops}	优化区域高度(m)	k_t	车辆处于道岔上取1,否则取0
Δi	相邻坡段的坡度差(‰)	k_t^t	道岔类型,逆向道岔取1,顺向道岔取0.5
i_n^{br}	难行车阻力当量坡度(‰)	l_c	曲线长度(m)

续上表

变量名称	变量含义	变量名称	变量含义
l_n	难行车长度(m)	T_{sum}	累计加权溜放时间(s)
l_R	减速器喇叭口长度(m)	T_{tc_1}	难—中组合自峰顶至第一分路道岔保护区段始端的间隔时间(s)
l_t	道岔长度(m)	v_0	推峰速度(m/s)
l_z	中行车长度(m)	v_{es}	根据调速系统要求倒推出的末端速度(m/s)
m	坡段数量(个)	$v_{max}^{r_1}$	第一制动位最大允许入口速度(m/s)
n	小区间数量(个)	$v_{max}^{c_1}$	第一分路道岔最大允许入口速度(m/s)
R_s	竖曲线的半径(m)	v_n^{end}	难行车不利条件下溜放至优化区段末端时的速度(m/s)
Δt_{c_1}	难、中行车自峰顶至第一分路道岔保护区段始端溜放时间差(s)	$v_n^{s+\Delta s}$	$s+\Delta s$ 片段车辆的末速度(m/s)
$t_{c_1}^n$	第一分路道岔状态转换时间(s)	v_y^y	易行车有利条件下溜放速度(m/s)
Δt_{cre}	难、中行车从峰顶溜放至本减速器、分路道岔的时间差(s)	w_b^n	车辆溜放的单位基本阻力(N/kN)
t_{cre}^n	减速器、分路道岔的状态转换时间(s)	w_c	车辆溜放的单位曲线附加阻力(N/kN)
t_j	区段 j 的溜放时间(s)	w_e^j	区段 j 的权重
$t_n^{s+\Delta s}$	$s+\Delta s$ 片段车辆溜放时间(s)	w_t	车辆溜放的单位道岔附加阻力(N/kN)
T_{sq}	竖曲线的切线长(m)	w_w^n	车辆溜放的单位风阻力(N/kN)

续上表

变量名称	变量含义	变量名称	变量含义
x_j	坡段 j 终端坐标(m)	x_s^c	道岔起始点坐标(m)
x_{j-1}	坡段 j 始端坐标(m)	θ	曲线转角(°)
x_{pk}	驼峰难行线路计算点 k 的坐标		

(3)车辆溜放过程迭代方程。

为精确计算车辆在溜放过程中的速度、时间及距离,本节将溜放过程以变坡点为分界线划分为 n 个小区间。车辆在上述划分的小区间内的运动状态可近似为匀变速运动,进而可通过逐段递推计算出车辆溜放过程中的速度和时间。车辆溜放迭代方程如式(3-29)所示。

$$F(a_n^{s+\Delta s}, t_n^{s+\Delta s}, v_n^{s+\Delta s}) = \begin{cases} g'(i - w_b^n - w_w^n - k_c w_c - k_t w_t) \times 10^{-3} \\ (\sqrt{v_0^2 + 2a_n^{s+\Delta s}s} - v_0^n)/a_n^{s+\Delta s} \\ v_n^s + a_n^{s+\Delta s} \times t_n^{s+\Delta s} \end{cases} \quad (3-29)$$

式中:g'、w_b^n、w_w^n——计算公式详见参考文献[6](假设车辆通过道岔、曲线时附加阻力均匀分布);

w_c、w_t——计算方法如式(3-30)、式(3-31)所示。

$$w_c = \frac{8\theta}{l_c} \quad (3-30)$$

$$w_t = \frac{24k_t^t}{l_t} \quad (3-31)$$

(4)目标函数及决策变量。

在难行车与难行气候确定的条件下,基于自动提钩的驼峰纵断面设计优化问题就成为按照一定规则对难行线坡度、坡段进行优化的问题。

难行线纵断面既要适应自动提钩技术下更高的推峰速度,达到调速控制系统要求的难行车不利条件下末端出口速度,又要满足溜放车组中难—中组合有足够的间隔时间,同时要尽可能降低峰高,以节省作业能耗。

优化目标可以归纳为以下三个函数。

①推峰速度。

提高推峰速度是提升驼峰解体作业能力的重要途径,自动提钩技术可为推峰速度的提升提供技术保障。

应用自动提钩技术后,驼峰推峰速度会大幅度提升,而难—中设计车型组合的溜放时间间隔应大于其溜放至第一分路道岔的时间差与第一分路道岔状态转换时间之和,如式(3-32)所示。

$$\frac{l_\mathrm{n}+l_\mathrm{z}}{2v_0} \geqslant \Delta t_{\mathrm{c}_1} + t_{\mathrm{c}_1}^\mathrm{n} \tag{3-32}$$

在难、中行车给定的条件下,推峰速度最大化问题等价于难、中行车溜至第一分路间隔时间的最小化问题,如式(3-33)所示。

$$\min T_{\mathrm{tc}_1} = \Delta t_{\mathrm{c}_1} + t_{\mathrm{c}_1}^\mathrm{n} \tag{3-33}$$

②累计加权溜放时间。

驼峰溜放部分各坡段最终连接的股道数量不同,其繁忙程度也不同,越靠近峰顶的区段,连接的股道数量越多,溜放时间应越短。

为提高驼峰咽喉部位的溜放效率,以驼峰设计难行车累计加权溜放时间最短为第二优化目标优化纵断面坡度设计,如式(3-34)所示。

$$\min T_{\mathrm{sum}} = \sum_{j=1}^{N} t_j \times w_\mathrm{e}^j \tag{3-34}$$

③优化区域高度。

为降低解体作业中的制动能耗,优化区域高度应尽可能降低,如式(3-35)所示。

$$\min H_{\mathrm{ops}} = \sum_{j=1}^{m} (x_j - x_{j-1}) i_j \tag{3-35}$$

驼峰纵断面设计的结果是一组坡段及坡度的组合,模型以坡段数量、坡度及变坡点位置坐标作为决策变量,如式(3-36)所示。

$$X = (i_1, i_2, \cdots, i_n, x_1, x_2, \cdots, x_n) \tag{3-36}$$

(5)约束条件。

基于自动提钩的驼峰纵断面设计优化的约束条件可以分为设计条件约束、调速控制约束、缩小解空间约束三类。其中,设计条件约束要求纵断面设计满足减速器、道岔等设备配置空间;调速控制约束要求纵断面设计满足减速器、道岔入口速度、时间间隔等条件;缩小解空间约束为对极限条件取值范围的约束,可以加快求解速度。

①设计条件约束。

a. 变坡点位置。

根据驼峰设计要求,变坡点距离减速器制动位、道岔尖端和辙叉部位不小于其所在竖曲线的切线长 T_{sq},如式(3-37)所示。

$$T_{sq} = \frac{R_s \Delta i}{2 \times 1000} \tag{3-37}$$

其中,峰顶邻接加速坡的 R_s 取 350m,其余溜放部分取 250m。

若假设坡段 j 末端变坡点位于道岔(或减速器)前,则其坐标如式(3-38)所示。

$$x_j \leqslant x_s^c - T_{sq} \tag{3-38}$$

其中,x_s^c 根据驼峰纵断面展开图及道岔参数标定。

b. 减速器所在最小坡度。

为使车辆被夹停后能在减速器所在坡段继续溜放,减速器所在坡度不应小于驼峰设计难行车能自行溜放所需的最小坡度,如式(3-39)所示。

$$i_j \geqslant i_n^{br} \tag{3-39}$$

②调速控制约束。

a. 第一分路道岔最大允许入口速度。

在溜车有利条件下,易行车通过第一分路道岔的速度不应大于其最大允许入口速度,如式(3-40)所示。

$$v_y^y \leqslant v_{max}^{c1} \tag{3-40}$$

其中,v_{max}^{c1} 根据道岔参数取值。

易行车通过第一制动位的速度不应大于第一制动位的最大允许入口速度,如式(3-41)所示。

$$v_y^y \leqslant v_{max}^{r1} \tag{3-41}$$

其中,v_{max}^{r1} 根据道岔参数取值。

b. 优化区域末端最小速度。

根据 TB 10062 要求,难行车在溜车不利条件下溜放至打靶区段末端的速度不应小于调速系统要求的最小速度。由此可倒推出难行车在溜车不利条件下溜放至优化区段末端的速度不低于根据调速系统要求倒推出的末端速度,如式(3-42)所示。

$$v_n^{end} \geqslant v_{es} \tag{3-42}$$

其中,v_n^{end}、v_{es} 根据公式(3-29)~式(3-31)方程推算。

③缩小解空间约束。

通过模拟溜放,标定出坡度的取值范围,以缩小优化搜索范围,加快求解速度。

标定出的坡度取值范围如式(3-43)所示。

$$i_j^{\min} \leq i \leq i_j^{\max} \tag{3-43}$$

其中,$i_j^{\min}$、$i_j^{\max}$ 根据 $v_{\max}^{c_1}$、$v_{\max}^{r_1}$、i_n^{br}、v_{es} 等约束条件通过公式(3-29)~式(3-31)方程推算得出。

综上,驼峰溜放部分纵断面设计优化模型的目标函数如式(3-44)所示,约束条件如式(3-45)所示。

$$\min \begin{cases} T_{tc_1} = \Delta t_{c_1} + t_{c_1}^n \\ T_{sum} = \sum_{j=1}^{N} t_j \times w_e^j \\ H_{ops} = \sum_{j=1}^{m} (x_j - x_{j-1}) i_j \end{cases} \tag{3-44}$$

$$\text{s.t.} \begin{cases} x_j \leq x_s^c - T_{sq} \\ v_y^y \leq v_{\max}^{c_1} \\ v_y^y \leq v_{\max}^{r_1} \\ i_j \geq i_n^{br} \\ v_n^{end} \geq v_{es} \\ i_j^{\min} \leq i \leq i_j^{\max} \\ \dfrac{l_n + l_z}{2v_0} \geq \Delta t_{cre} + t_{cre}^n \end{cases} \tag{3-45}$$

(6)求解算法。

此模型为具有非线性、多变量、约束条件复杂等特征的多目标优化模型,求解难度较高。为求解此模型,本书设计了基于 NSGA-Ⅱ 的进化求解算法,主要步骤如下:

步骤1:确定种群大小 N、迭代次数 G、编码规则和编码长度。根据决策变量构造出由各坡段坡度值与变坡点构成的基因,每个基因的编码形式如式(3-46)所示。

$$U_k = [i_1, i_2, \cdots, i_n, x_1, x_2, \cdots, x_n] \quad (k=1,2,\cdots,N) \tag{3-46}$$

式中:i_n, x_n——坡段 n 的坡度值和变坡点坐标。

步骤2:标定解空间范围。通过车辆溜放过程微观仿真标定各个坡段的坡度与变坡点的取值范围等参数,以此确定模型的解空间,如式(3-47)、式(3-48)所示。

$$U_{\max} = [i_{1\max}, i_{2\max}, \cdots, i_{m\max}, x_{1\max}, x_{2\max}, \cdots, x_{m\max}] \tag{3-47}$$

$$U_{\min} = [i_{1\min}, i_{2\min}, \cdots, i_{m\min}, x_{1\min}, x_{2\min}, \cdots, x_{m\min}] \quad (3\text{-}48)$$

步骤 3：随机生成初始父代种群 P_t，对父代种群进行交叉、变异等遗传操作生成子代种群 Q_t。检查子代种群个体的上下界，如果子代种群的个体大于上界，则赋予该个体上界值；如果子代种群的个体小于下界，则赋予该个体下界值。

步骤 4：合并种群，计算目标函数值。将父代种群 P_t 与子代种群 Q_t 混合，生成个体数为 $2N$ 的新种群 R_t。将 R_t 中的 $2N$ 个体分别代入模拟溜放程序计算，得到每个个体对应的三个目标函数值。对于不满足约束条件的个体，则利用惩罚函数赋予该个体对应的目标函数值。

步骤 5：确定 R_t 中所有个体按照非支配关系排序并按个体的支配个数分级 F_1、F_2、F_3、$\cdots$ 分目标函数计算每一级 F_i 中各个个体的拥挤距离进行叠加，对非支配排序每一层级个体拥挤距离排序，得到 R_t 中 $2N$ 个个体的排序。

步骤 6：精英策略选择算子。从 R_t 中按照顺序选择分级为 F_1 的个体作为下一代的父代 P_{t+1}，如果 P_{t+1} 的个体数等于种群规模，则直接进行下一次迭代。如果 P_{t+1} 的个体数小于种群规模，则 $P_{t+1} = P_{t+1} \cup F_2$；如果 P_{t+1} 的个体数大于种群规模，则从 F_1 中按照拥挤距离选择 N 个个体加入 P_{t+1}。

步骤 7：对 P_{t+1} 进行交叉、变异等遗传操作生成子代种群 Q_{t+1}。重复步骤 3 ~ 步骤 6，直至达到种群的最大迭代次数，输出 Pareto 解集。

3.3.3 案例分析

(1) 案例概述。

无论是大能力驼峰，还是中小能力驼峰，国内外均以"三难条件"作为驼峰纵断面设计准则。以某拥有 36 条调车线的大能力驼峰为例，其外侧线为难行线。驼峰头部难行线平面展开图如图 3-14 所示，节点坐标见表 3-28，曲线参数见表 3-29。

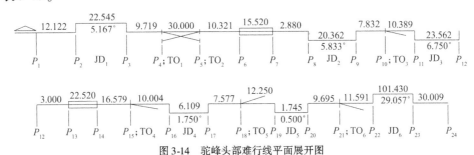

图 3-14　驼峰头部难行线平面展开图

驼峰头部难行线节点坐标   表 3-28

节点	坐标	节点	坐标	节点	坐标	节点	坐标
P_1	0.000	P_7	100.227	P_{13}	168.252	P_{19}	243.291
P_2	12.122	P_8	103.107	P_{14}	190.772	P_{20}	245.036
P_3	34.667	P_9	123.469	P_{15}	207.351	P_{21}	254.731
P_4	44.386	P_{10}	131.301	P_{16}	217.355	P_{22}	266.322
P_5	74.386	P_{11}	141.690	P_{17}	223.464	P_{23}	367.752
P_6	84.707	P_{12}	165.252	P_{18}	231.041	P_{24}	397.761

驼峰头部难行线曲线参素   表 3-29

曲线编号	曲线转角 α(°)	曲线半径 R(m)	切线长 T(m)	曲线长(m)
JD_1	5.167	250	11.280	22.545
JD_2	5.833	200	10.189	20.362
JD_3	6.750	200	11.795	23.562
JD_4	1.750	200	3.055	6.109
JD_5	0.500	200	0.873	1.745
JD_6	29.057	200	51.830	101.430

以连接的调车场股道数量为累计溜放时间计算权重,分路道岔的坐标见表 3-30。

分路道岔的坐标   表 3-30

分路道岔	权重	坐标	坐标值
x_{t_1}	34	$x_{P_4}+9.994$	54.380
x_{t_3}	17	$x_{P_{10}}+9.994$	141.295
x_{t_4}	5	$x_{P_{15}}+9.994$	217.345
x_{t_6}	2	$x_{P_{21}}+9.994$	264.725

驼峰采用 6 号对称道岔,曲线半径 180m,1/2 转角为 4.731°,按照绝缘区段划分的道岔起始终点坐标见表 3-31。

分路道岔起终点坐标 表 3-31

编号	起点坐标	终点坐标	编号	起点坐标	终点坐标
TO_1	31.941	44.769	TO_4	193.656	207.734
TO_2	74.003	88.081	TO_5	217.346	231.424
TO_3	117.606	131.684	TO_6	241.036	255.114

驼峰设计气象条件见表 3-32。

驼峰设计气象条件 表 3-32

气象条件	溜车有利条件	溜车不利条件
温度(℃)	27	-5
风速(m/s)	0	4
风向 $\beta(°)$	0	30

为缩小求解空间,加快求解速度,根据纵断面设计反复测算结果。本节将纵断面坡段数量设置为 5~7 个,第一加速坡坡度取值为 35‰~55‰,第二加速坡坡度取值为 18‰~38‰,高速坡坡度取值为 6‰~18‰,道岔区坡坡度取值为 -1‰~5‰。参考启发式算法推荐参数,算法迭代次数设置为 150,种群规模设置为 100,交叉概率取 0.8,变异概率取 0.02。

根据难行线展开图、变坡点位置等约束条件,整理出溜放部分变坡点取值范围,见表 3-33。各分路道岔连接股道数及分界点坐标见表 3-34。

驼峰溜放部分变坡点取值范围 表 3-33

坡度类型	变坡点取值范围
加速坡	$[28, x_{p_3} - T_{sq}] \cup [x_{p_3} + T_{sq}, x_{p_4} - a - T_{sq}] \cup [x_{p_5} + a + T_{sq}, x_{p_6} - T_{sq} - l_R]$
高速坡	$[x_{p_7} + T_{sq} + l_R, x_{p_8} - T_{sq}] \cup [x_{p_8} + T_{sq}, x_{p_9} - T_{sq}] \cup [x_{p_9} + T_{sq}, x_{p_{10}} - a - T_{sq}] \cup [x_{p_{10}} + b + T_{sq}, x_{p_{11}} - T_{sq}] \cup [x_{p_{11}} + T_{sq}, x_{p_{12}} - T_{sq}] \cup [x_{p_{12}} + T_{sq}, x_{p_{13}} - T_{sq} - l_R]$
道岔区坡	$[x_{p_{14}} + T_{sq} + l_R, x_{p_{15}} - a - T_{sq}] \cup [x_{p_{15}} + b + T_{sq}, x_{p_{16}} - T_{sq}] \cup [x_{p_{16}} + T_{sq}, x_{p_{17}} - T_{sq}] \cup [x_{p_{17}} + T_{sq}, x_{p_{18}} - a - T_{sq}] \cup [x_{p_{18}} + b + T_{sq}, x_{p_{19}} - T_{sq}] \cup [x_{p_{19}} + T_{sq}, x_{p_{20}} - T_{sq}] \cup [x_{p_{20}} + T_{sq}, x_{p_{21}} - a - T_{sq}] \cup [x_{p_{21}} + b + T_{sq}, x_{p_{22}} - T_{sq}] \cup [x_{p_{22}} + T_{sq}, x_{p_{23}} - T_{sq}] \cup [x_{p_{23}} + T_{sq}, x_{p_{24}} - T_{sq} - l_R]$

分路道岔连接股道数及坐标值　　　　　　　　　　　表 3-34

分路道岔分界点	连接股道数	坐标值	分路道岔分界点	连接股道数	坐标值
x_{t_1}	34	54.380	x_{t_3}	5	217.345
x_{t_2}	17	141.295	x_{t_4}	2	264.725

其中，Ⅰ制动位减速器喇叭口 l_R 取 0.55m，Ⅱ制动位减速器喇叭口 l_R 取 0.58m，6号对称道岔 a 取 7.437m，b 取 9.994m。

其他参数取值：减速器最大允许入口速度取7m/s，第一分路道岔最大允许入口速度取6.2m/s，第二及以后分路道岔最大允许入口速度取7m/s。

（2）结果分析。

根据道岔、减速器最大允许入口速度，驼峰设计车型、溜放气象等条件，通过式(3-30)~式(3-32)标定出各坡段的坡度取值范围；通过式(3-30)~式(3-32)推导出难行车不利条件下溜放至优化区域末端的最小速度；根据难行气象条件及驼峰设计难行车型，计算出减速器所在最小坡度；根据难行线平面展开图标定出驼峰溜放部分变坡点取值范围。将以上参数带入基于NSGA-Ⅱ的求解算法，经仿真计算得到Pareto解，见表3-35。

Pareto 解　　　　　　　　　　　　　　　　　　　表 3-35

序号	$i_1 \sim i_7$ (‰)	$x_1 \sim x_7$ (m)	v_0 (m/s)	T_{sum} (s)	H_{ops} (m)
1	55.99, 15.76, 14.10, 13.25, -1.33, —, —	28.19, 82.37, 114.92, 306.91, 386.06, —, —	2.3	321	5.33
2	52.04, 18.03, 17.19, 11.00, 3.33, -0.82, —	28.05, 82.35, 149.74, 193.26, 295.58, 396.72, —	2.3	325	4.33
3	52.05, 18.04, 16.90, 8.90, 3.70, -0.51, —	28.07, 82.45, 150.78, 195.45, 291.50, 395.00, —	2.3	326	4.30
4	51.65, 18.02, 17.46, 7.97, 4.19, -0.72, —	28.08, 82.69, 142.63, 195.52, 266.32, 395.47, —	2.3	327	4.11
5	51.87, 18.08, 17.45, 6.79, 4.34, 1.81, —	28.04, 82.68, 114.01, 195.02, 274.84, 395.65, —	2.3	332	4.10
6	55.97, 15.72, 13.31, 5.57, 2.70, —, —	28.17, 82.15, 110.88, 297.59, 370.98, —, —	2.3	335	4.04

从表 3-35 可以看出，在推峰速度达到最大值2.3m/s后，随着累计加权溜放时

间的增加,优化区域高度逐渐降低。以 1 解为基准,分别计算 2~6 解的累计加权溜放时间、优化区域高度相对 1 解的增减百分比可以得出,4 解为综合最优解。

按照传统方法设计出的驼峰难行线纵断面为 6 段坡,计算机仿真计算出该方案下的最大推峰速度、累计加权溜放时间及优化区域高度,见表 3-36。

计算机仿真计算结果 表 3-36

$i_1 \sim i_6$ (‰)	$x_1 \sim x_6$ (m)	v_0 (m/s)	T_{sum} (s)	H_{ops} (m)
47.0,15.0,16.5,13.4,2.4, 0.98	28.21,82.16,153.57,199.19, 328.18,396.31	2.1	348	4.31

对比表 3-35 中 4 解的纵断面设计方案可知,本节提出的优化方法的设计方案较既有方法的设计方案推峰速度提高 0.2m/s,增幅 9.5%;累计加权溜放时间减少 21s,减幅 6.0%;优化区域高度降低 0.20m,降幅 4.6%。在驼峰解体作业中,单钩车因推峰速度限制,占据约 80% 的解体作业时间,成为影响解体作业效率的瓶颈。在自动提钩及相关配套技术应用背景下,推峰速度的提高可使驼峰总体解体效率提升 7.6% 甚至以上。此外,优化区域高度降低 0.20m,以中行车重量计算,每辆车可减少制动能耗约 151kJ,按驼峰 4000 辆/天的解体作业量计算,每天可节省制动能耗 6.04×10^5 kJ,节省运营支出的同时,还可延长制动轨使用寿命,具有较好的经济效益。考虑到未来全路范围的大规模驼峰改造,本节提出的优化模型对提高我国铁路编组站驼峰解体作业效率、降低制动能耗、减少运营支出具有积极意义。

3.3.4 研究结论

自动提钩技术的应用为推峰速度的提升提供了契机,提高推峰速度是提升驼峰解体作业效率的关键。为充分发挥自动提钩技术的优势,提高驼峰作业效率,本节从纵断面设计的视角进行了系统研究,主要结论如下:

(1)以推峰速度、优化区域高度与累计加权溜放时间为目标,通过对驼峰溜放部分设计中变坡点位置、最大允许通过速度、难—中—难行车溜放间隔等约束条件的分析,建立了基于自动提钩技术应用的驼峰溜放部分纵断面设计优化模型。

(2)针对模型非线性、多变量、约束复杂等特征,设计了基于 NSGA-Ⅱ 的进化求解算法。

(3)以 36 股道大能力驼峰为例,通过仿真计算,给出了模型的 Pareto 解,对比传统设计方法,模型计算出的优化方案推峰速度提高 9.5%,累计加权溜放时间减少 6.0%，优化区域高度降低 4.6%，驼峰总体作业效率提升 7.6% 以上，平均制动能耗降低 151kJ/辆。

3.4 货运重载化下的驼峰调车场纵断面优化设计

3.4.1 调车场连挂区纵断面设计优化模型

(1) 调车场连挂区纵断面建模分析。

①调车场连挂区各区段重要程度分析。

连挂区是调车场中车辆溜放、集结的场所，其范围为打靶区末端至尾部停车区始端(图 3-15)，连挂区纵断面设计范围为打靶区末端至连挂区尾部平坡之前的一段区域。车辆由驼峰头部高速区溜放至调车场，经调车场制动并打靶后，低速进入连挂区，最终与前方停留车辆实现安全连挂。由于入口速度低且溜放距离长，连挂区通常设置成面向调车场尾部的下坡，以利于车辆溜放；同时，为实现安全连挂，将车辆速度控制在一定范围内，连挂区需设置一定数量的减速顶，以抵消易行车辆的较多动能。连挂区按重要程度可划分成不同区段，其中，靠近驼峰头部的区段(图 3-15 中菱形网格)重要程度最高，几乎所有车辆都要溜经这一区段，车辆一旦途停，很快会造成"堵门"，承担解体作业的调车机车需及时下峰整理，致使驼峰作业效率受到影响；靠近驼峰尾部的区段(图 3-15 中方格线)重要程度最低，由于已经接近溜放末端，车辆即使停留在该区域内，调车线仍可容纳一定数量的后续车辆，机车无须频繁下峰整理。

②不同车辆连挂区溜放距离需求分析。

根据走行性能不同，驼峰设计车辆可分为易行车、中行车、难行车。其中，易行车为单位基本阻力和单位风阻力之和较小的车辆，无论在有利溜放条件下还是不利溜放条件下，都具有较远的溜放距离，连挂区纵断面设计时只需考虑其制动问题。中行车代表了大多数车辆的溜放水平，其溜放距离对驼峰的作业效率具有重要影响，连挂区纵断面设计要使中行车在不利溜放条件下到达较远的溜放距离。难行车则是过峰车辆中单位基本阻力与单位风阻力之和较大的车辆，在不利溜放条件下，需保证难行车必要的溜放距离，避免机车频繁下峰整理；同时，在有利溜放条件下，要保证较远的溜放距离，避免出现与前一停留车组之间的"天窗"。驼峰设计车型、气候条件与调车场溜放距离三个因素之间的具体关系如图 3-16 所示。

第3章 货运重载化下的铁路编组站驼峰优化设计研究

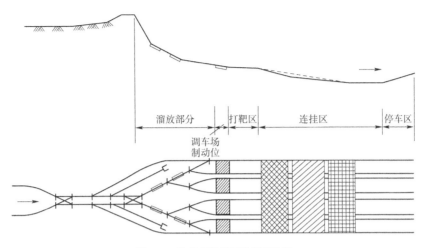

图 3-15 连挂区线路平纵断面示意

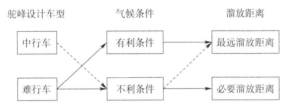

图 3-16 驼峰设计车型、气候条件与调车场溜放距离的具体关系

③连挂区纵断面设计优化计算车型及质量分析。

考虑到21t轴重及以下车辆为过去货运主型车辆且已停止发展,23t轴重货车为目前的货运主型车,未来较长时间内仍会存在,27t轴重货车将成为未来的货运主型车,参考《铁路驼峰及调车场设计规范》(TB 10062—2018)及27t轴重货车走行特性,连挂区纵断面设计的计算车型及质量为:难行车车型采用风阻力较大的 P_{80},考虑到货车自重增加因素,总重取36t;中行车型采用 C_{70},考虑到货车容积及载重量增加等因素,总重取77t;易行车采用 C_{80},总重106t。

(2)连挂区纵断面设计优化目标函数。

调车场连挂区设计优化的目标是使各质量等级车辆在各种溜放条件下溜放距离尽可能远。溜放条件可以分为有利条件和不利条件,在保证设计要求的难行车不利条件下必要溜放距离后,中行车溜放越远,易行车也溜放越远,因此,中行车不利条件下溜放距离可以作为优化目标之一;在有利条件下,难行车溜放距离最近,使其尽可能溜放较远距离,中行车、易行车将拥有更远的溜放距离。因此,模型优化目标可归纳如下:

① 中行车不利溜放条件下最远溜放距离。

车辆在溜放过程中随着速度的变化单位基本阻力和单位风阻力也随之变化，其加速度为变化值。为求得相对精确解，需采用计算机模拟法：假设在同一坡段上非常小的时间段内车辆的加速度不变，计算出该车辆的初速度、走行时间及末速度，以该段末速度作为下一段的初速度，依次逐段向前推进，计算出中行车不利溜放条件下溜放距离，得到最远溜放距离：

$$\max s_z^n = \sum \left(v_0' \Delta t + \frac{1}{2} a_0' \Delta t^2 \right) \tag{3-49}$$

式中：s_z^n——中行车在不利溜放条件下的最远溜放距离，m；

v_0'——时间段内的初速度，m/s；

a_0'——该时间段的车辆加速度，m/s²。

由于连挂区纵断面坡度较小，其水平方向夹角 α 也较小，$\sin\alpha \approx i‰$，对车辆在股道上溜放进行受力分析，得到：

$$a_0' = \frac{F_c}{Q \times 10^3} \tag{3-50}$$

$$F_c = Q \times 10^3 \times g' \times (i - i_d^b) \times 10^{-3} - Qg'w_b - Qg'w_f \tag{3-51}$$

$$g' = \frac{g}{1+r} \tag{3-52}$$

$$r = \begin{cases} \dfrac{1.7353}{Q} & (Q \leq 40t) \\ \dfrac{1.7530}{Q} & (40t < Q \leq 60t) \\ \dfrac{1.7708}{Q} & (60t < Q) \end{cases} \tag{3-53}$$

$$i_d^b = \frac{4 \times N_d \times W_d^b}{Qg'L} \tag{3-54}$$

$$w_f = \frac{0.063 f_s \dfrac{C_{x_1}}{C_{x_0}}}{Q \cos^2\alpha} (v_{车} \pm v_{风} \cos\beta)^2 \tag{3-55}$$

式中：a_0'——车辆溜放加速度，m/s²；

F_c——车辆在坡道上所受水平方向合力，N；

g'——考虑了转动惯量的重力加速度，m/s²；

g——标准重力加速度，m/s²；

w_b、w_f——车辆所受的单位基本阻力和单位风阻力,N/kN,详细计算公式见参考文献[6-8];

i_d^b——减速顶阻力功折算的坡度,‰;

W_d^b——单个减速顶阻力功,J;

L——坡长,m;

$v_车$——车速,m/s;

$v_风$——风速,m/s,顺风取"-",逆风取"+";

f_s——车辆正面受风面积,m²;

C_{x_1}/C_{x_0}——风向阻力系数;

α——风速和车速的合速度 $v_合$ 与溜放方向的夹角,(°)。

②难行车有利溜放条件下最远溜放距离。

与中行车不利溜放条件下最远溜放距离计算方法类似,难行车有利条件下最远溜放距离的计算公式为:

$$\max s_n^y = \sum \left(v_0'\Delta t + \frac{1}{2}a_0'\Delta t^2 \right) \tag{3-56}$$

式中:s_n^y——难行车有利条件下的最远溜放距离,m;

其他符号含义同前。

(3)模型约束条件。

①减速顶数量。

调车场连挂区纵断面坡度越大,车辆溜放距离越远,而对于易行车需要越多减速顶抵消多余的动能。如果不考虑减速顶数量约束,连挂区纵断面设计为不利溜放条件下难行车与中行车的单位基本阻力和单位风阻力之和的当量坡,即可实现最远溜放距离的目标。然而这会造成减速顶使用过多、运营不经济等问题。假设连挂区坡段数量为 N,则有:

$$N_d^t = \sum_{i=1}^N N_d^i \leq N_d^s \tag{3-57}$$

式中:N_d^t——连挂区各坡段的减速顶总数;

N_d^i——坡段 i 上减速顶的数量;

N_d^s——设定的减速顶数。

②难行车不利溜放条件下的溜放距离。

要确保驼峰设计难行车在不利溜放条件下能够溜放到一定远的距离,即

$$L_n \geq L_n^s \tag{3-58}$$

式中：L_n——难行车溜放距离，m；

　　　L_n^s——设定的难行车溜放距离，m。

③坡度范围。

连挂区靠近驼峰头部的区段最重要，需确保大多数难行车能够溜放至该区段末端。而对于中行车和易行车来说，由于该坡段坡度较大，减速顶将处于制动状态，损失了动能，进而影响溜放距离。因此，该坡段的坡度为难行车溜放至设定区段长度末端速度为 0 时对应的坡度值，根据动能定理有：

$$i_f = \frac{W_b + W_f}{Qg'L_{ns}} - \frac{v_0^2}{2g'L_{ns}} \times 10^3 + i_d^b \quad (3-59)$$

式中：i_f——连挂区头部坡度，‰；

　　　W_b、W_f——难行车基本阻力功和单位风阻力功，J。

连挂区末端区域应使大多数易行车在有利溜放条件下不加速，其最大坡度为易行车在有利溜放条件下的当量坡，即：

$$i_l = w_y^j - 1.65\sigma_y \quad (3-60)$$

式中：i_l——连挂区末端坡度，‰；

　　　w_y^j——易行车单位基本阻力，N/kN；

　　　σ_y——易行车单位基本阻力标准差。

对于中间区段，应使中行车辆能够溜放过这一区域，其坡度范围介于连挂区头部坡度与尾部坡度之间，其参考坡度为中行车不利条件下的单位基本阻力和单位风阻力之和的当量坡，即：

$$i_m = w_z^j + w_z^f \quad (3-61)$$

式中：i_m——中间区段的坡度，‰；

　　　w_z^j、w_z^f——中行车单位基本阻力和单位风阻力，N/kN。

④最小坡段长。

考虑到车辆溜放过程的稳定性及养护维修需要，纵断面坡长不宜过短，需对最小坡长作出限定，即：

$$L_{min} \geq L_s \quad (3-62)$$

式中：L_{min}——最小坡长，m；

　　　L_s——设定最小坡长，m。

(4)模型约束条件。

虽然该模型为多目标优化模型，但目标函数为不同条件下的最远溜放距离，可以采用传统的加权求和方法将多目标划为单目标。本节中认为两个目标函数具有同等重要性,为此,将各目标函数系数取0.5,将多目标转换为单目标进行求解。

在求解方案方面,虽然多坡段纵断面设计要优于单坡段,但在实际应用中,受养护维修工作的影响,坡段数量不可能无限增加。根据现场调研情况,本节考虑第2、3、4三种坡段设计方案(表3-37),计算出不同设计方案下的最远溜放距离,并比较各方案优劣。

连挂区纵断面坡段设计优化方案　　　　　　　　　　　　　　表3-37

坡段数量	2	3	4
坡度范围(‰)	$i_f/i_m \sim i_l$	$i_f/i_m \sim i_l/i_l$	$i_f/i_f \sim i_l/i_f \sim i_l/i_l$

3.4.2 案例分析

某调车场连挂区长度为750m,平坡长100m,最小坡段长50m。难行车、中行车和易行车车型及质量为:难行车P_{80},总重36t;中行车C_{70},总重77t;易行车C_{80},106t。难行车不利条件下溜放距离≥100m,减速顶制动功为1050J/轮次,阻力功为50J/轮次,不利条件下连挂区入口速度为1.25m/s,气候条件见表3-38。考虑到27t重载货车应用后调车线减速顶数量增加因素,分别设置减速顶数量不超过150个、160个两种方案。

调车场纵断面设计气候条件　　　　　　　　　　　　　　表3-38

不利溜放条件		有利溜放条件	
气温(℃)	-6	气温(℃)	27
风速(m/s)	5	风速(m/s)	0
风向β(°)	0	风向β(°)	0

不同坡段设计方案计算结果见表3-39。

不同坡段设计方案计算结果　　　　　　　　　　　　　　表3-39

设计方案	坡度组合(‰)	坡长组合(m)	减速顶数	溜放距离(m)(目标1/目标2)	平均距离(m)
2坡段	2.8/1.2	100/550	150	400/215	307.5
	2.8/1.3	100/500	163	464/223	343.5
3坡段	2.8/1.8/0.5	100/300/250	150	521/283	402.0
	2.8/1.8/0.5	100/300/220	160	550/283	416.5

续上表

设计方案	坡度组合（‰）	坡长组合（m）	减速顶数	溜放距离(m)（目标1/目标2）	平均距离（m）
4坡段	2.8/1.6/1.8/0.5	100/50/260/240	150	531/282	406.5
	2.8/1.6/1.8/0.5	100/50/290/210	160	560/282	421.0

从表 3-39 可以看出，在相同坡段设计方案下，连挂区坡度越大、坡段越长，车辆溜放距离越远，抵消易行车多余动能所需减速顶数量越多。从不同坡段设计方案可知，坡段数量越多，坡段及坡度组合越灵活，使用相同减速顶数量下溜放距离越长。其中，2 坡段设计方案坡度相对单一，中行车不利条件下溜放距离不足 500m，难行车有利条件下溜放距离不足 250m，与 3 坡段及 4 坡段方案相比，目标 1 及目标 2 溜放距离均不占优。3 坡段方案中行车不利条件下溜放距离超过 520m，难行车有利条件下溜放距离可达 283m，目标 1 及目标 2 溜放距离均较 2 坡段设计方案有大幅提高。与 3 坡段设计方案相比，4 坡段设计方案在第 1 坡段与第 3 坡段间插入了坡度略小的过度坡段，通过适当降低车辆溜放速度进而降低溜放风阻力，4 坡段设计方案较 3 坡段设计方案溜放距离进一步提高。因此，建议调车场连挂区纵断面优先采用 4 坡段设计方案，以使车辆具有更远的溜放距离。

3.4.3 研究结论

本节对调车场连挂区纵断面从头部到尾部各区段重要性进行了对比分析，明确了重载货车应用背景下调车场纵断面设计优化最终要解决的问题。从中行车不利溜放条件下的最远溜放距离和难行车有利条件下的最远溜放距离两个角度建立了调车场纵断面设计的多目标优化模型，以 27t 轴重通用货车与既有货车混合应用条件下驼峰调车场纵断面设计优化为例，计算了多种坡段、不同高差下调车场连挂区设计方案的优化结果，并对结果进行了对比分析，给出了设计推荐方案，为重载货车应用背景下调车场连挂区纵断面设计优化提供了参考。

3.5 本章小结

本章分析了驼峰峰高及纵断面优化的内涵及既有研究工作的不足。在此基础上，本章对于驼峰头部溜放部分，构建了多目标优化模型，给出了模型的求解算法。

以大、中、小能力驼峰为案例,运用多目标优化模型对驼峰纵断面进行了优化设计,提出大、中、小能力驼峰纵断面坡度及坡长的推荐方案;对于调车场连挂区,建立了中行车不利条件下最远溜放距离的优化模型,构建出不同纵断面设计优化方案。计算结果表明,连挂区纵断面设计应尽可能采用"先陡后缓"的多坡段设计方案。

本章参考文献

[1] 张红亮,李荣华,刘博.27t 轴重通用货车对驼峰设计及作业控制的影响与对策[J].铁道货运,2016,34(11):24-27.

[2] 李荣华,张红亮.铁路驼峰设计对货车大型化发展适应性的思考[J].铁道货运,2013,31(9):1-5.

[3] 黄孝章.编组站计算机辅助设计理论研究及系统实现[D].北京:北方交通大学,1998.

[4] 张春民.自动化驼峰纵断面优化设计研究[D].兰州:兰州交通大学,2011.

[5] 李威伦.基于动态连挂的驼峰目的制动出口定速研究[D].北京:北京交通大学,2022.

[6] 张红亮,杨浩,夏胜利,等.重载货车应用下调车场连挂区纵断面设计优化方法研究[J].铁道学报,2016,38(10):14-19.

[7] 杜旭升.滚动轴承车辆溜放阻力的测试及研究(1)[J].减速顶与调速技术.2003(2):11-18,29.

[8] 杜旭升,高树允.滚动轴承车辆溜放阻力的测试及研究(2)[J].减速顶与调速技术,2003(3):1-5,26.

[9] 杜旭升,高树允.滚动轴承车辆溜放阻力的测试及研究(3)[J].减速顶与调速技术,2003(4):1-9.

[10] 佟达.编组站驼峰调车场内车辆溜放及连挂过程仿真研究[D].北京:中国铁道科学研究院,2016.

[11] 邱星.基于自动提钩的驼峰溜放部分纵断面设计与间隔调速控制研究[D].北京:北京交通大学,2022.

[12] 张红亮,杨浩,赵鹏,等.驼峰间隔制动减速器对大轴重通用货车的制动适应性研究[J].铁道学报,2013,35(10):33-37.

[13] 张超,李海鹰,刘彦邦.点连式驼峰峰高设计中风阻力计算公式及车辆溜放速度的选择[J].北方交通大学学报,1995(S1):81-83.

[14] 向劲松,李金海.铁路货车溜放风阻力探讨[J].西南交通大学学报,1990

(1):119-125.

[15] 萧龙翔,贾启芬,邓惠和.理论力学[M].天津:天津大学出版社,1995.

[16] 张红亮,夏胜利,段乐毅.27t 轴重通用货车应用下调车场连挂区调速控制研究[J].铁道学报,2020,42(4):1-6.

[17] 中国铁道学会减速顶调速系统委员会.中国铁路减速顶与调速技术[M].北京:中国铁道出版社,2012.

[18] 丁昆.车辆溜放运动中风阻力影响研究[J].铁道学报,2012(2):63-69.

第4章　货运重载化下的驼峰调速控制优化研究

随着货车重载化的发展及未来自动提钩技术的应用，我国铁路编组站驼峰调速控制面临技术更新的迫切需求。本章在对比分析国内外铁路编组站驼峰调速控制差异性，以及我国铁路编组站驼峰调速控制存在问题的基础上，分析了减速器对大轴重车辆的制动适应性，提出了货车重载化背景下的编组站驼峰头部溜放部分调速控制优化方法与基于动态连挂的驼峰目的制动出口定速控制方法。

4.1　货运重载化下的驼峰调速控制问题分析

4.1.1　国内外铁路编组站驼峰调速控制模式的差异

以重载货物运输为主的国家，如美国、加拿大等，它们的调车作业具有车辆在溜放过程中受到的基本阻力的离散度比较小、安全连挂速度较高、车辆目的调速距离短等优点。相对而言，客货并重或以客运为主的国家，它们的调车作业设备条件不如以重载货物运输为主的国家。相较于美国、加拿大等国，其劣势有车辆安全连挂速度低，车辆在溜放过程中受到的基本阻力的离散度比较高，车辆调速控制距离相对较长等。在这种情况下，减速器的速度控制技术和运营环境导致溜放效果较差。

1950—1960年，英国在坦博尔米斯编组站采用点式打靶的方式进行溜放试验。试验数据表明，溜放车辆的安全连挂率为30%，有20%的钩车没有连挂成功并形成最终"天窗"，剩余车辆均发生超速连挂现象。欧亚各国通过对驼峰调速设备、驼峰调车作业的优化研究得到了大量试验数据，试验数据表明，对于类似欧亚各国运营条件下的驼峰,其自动化调车作业在溜放作业过程中不宜采用点式打靶调速技术进行目的制动。

4.1.2 货运重载化下我国铁路编组站驼峰调速控制的复杂性

不同的调速设备和控制模式构成了不同的调速系统。

①点连式调速系统。

点连式调速系统由计算机控制系统、减速器、减速顶及编尾停车器构成,计算机管理溜放过程,通过减速器控制溜放速度、钩车间隔和"打靶"速度,实现道岔转换、安全连挂和编尾停车防溜。

②点+点连式调速系统。

点+点连式调速系统由计算机控制系统、减速器、减速顶及编尾停车器构成,调车场内设三级目的制动减速器,与只设三部位减速器相比,可显著提高三部位的减速器出口速度,有利于提高推峰速度和解体效率。

③调车场减速器构建的点连式调速系统。

调车场减速器构建的点连式调速系统一般用于小型驼峰,由计算机控制系统、车场减速器或简易减速器、减速顶及编尾停车器构成,调车场头部不设间隔制动位,在调车场入口设减速器(或简易减速器)。车辆溜放速度和钩车间隔靠推峰速度、线路坡度、车辆分钩间隔等自然形成,调车场减速顶控制连挂速度,编尾停车器实现停车和防溜。

④驼峰可控顶调速系统。

驼峰可控顶调速系统一般用于小型驼峰,由计算机控制系统、可控减速顶、普通减速顶及编尾停车器(或停车顶)组成,驼峰头部不设间隔制动位,在驼峰溜放部分设可控顶调速及控制钩车间隔,在调车场入口设减速顶群(功能等同于车场制动位减速器),调车场减速顶控制连挂速度,编尾停车器实现停车和防溜。

⑤驼峰调车场减速顶调速系统。

驼峰调车场减速顶调速系统一般用于小型驼峰,由独立计算机系统控制溜放进路,驼峰头部不设间隔制动位。车辆溜放速度和钩车间隔靠推峰速度、线路坡度及峰顶分钩间隔自然形成。在调车场入口设减速顶群(功能等同于车场制动位减速器),顶群出口速度由减速顶的临界速度决定,调车场内设减速顶控制连挂速度,编尾停车器实现停车和防溜。

这些系统相较于国外,都存在控制区段较长的问题。同时,由于运营方式等原因,我国铁路21t、23t、27t轴重货车均有应用,而编组站驼峰需要满足不同轴重货车的溜放需求,不可能为不同轴重货车单独建设驼峰。但是,现有驼峰设计均是以当时所应用货车为参考的,27t 轴重货车的溜放面临不适应性问题,随着货车直径增大、货车总重进一步增加以及车体尺寸进一步增大,既有驼峰调速系统存在制动力不足等问题。

国内外重载铁路驼峰调速控制在运营模式和调速作业方式方面的区别见表 4-1。

国内外重载铁路驼峰调速控制在运营模式和调速作业方式方面的区别 表 4-1

区域	运营模式	调速作业方式
美国、加拿大	以重载货物运输为主的铁路: 1. 车辆和车钩的结构、材质强度较高,车辆容许冲撞、安全连挂速度较大,一般可高达 9.6km/h。 2. 车辆自重和载重均较大,且都采用滚动轴承,因而车辆溜放的阻力及离散度均较小。 3. 货物列车的重量大,编组的货车多,列车长,但以分组列车在多股较短的调车线上集结编组而成,调车场目的制动调速的控制距离比较短	调车作业普遍采用"车辆减速器—点式调速—自动化控制"调速技术,简称"点式打靶"调速技术
部分欧洲国家	客货并重或以客运为主的铁路运输业务: 1. 车辆、车钩的抗冲击强度不高,车辆安全连挂速度比较低,一般不超过 5km/h。 2. 货车自重和载重均较轻,采用滑动轴承或滑动轴承和滚动轴承并用,因而货车的溜放阻力及其离散度均较大。 3. 铁路货物列车单组列车居多,调车线的有效长较长,一般在 700~900m	驼峰咽喉区线路间隔制动调速控制,采用"点式打靶"调速技术,调速线采用目的制动调速技术,差别较大
中国	兼顾重载货物运输的铁路: 1. 货车构成复杂,如 21t 轴重、23t 轴重、27t 轴重混合应用。 2. 部分车辆、车钩抗冲击强度不高,在多种轴重车辆混合应用的前提下,为保证车辆溜放安全,采用较低的安全连挂速度(5.5km/h),同时控制区段较长。 3. 铁路货物列车主要为单组列车,同时一定比例的由 2 个及以上到站远近不同的车组所组成的分组列车	驼峰溜放车组速度控制调速制式可采用点式、点连式、连续式。点式采用减速器调速方式,点连式采用减速器-减速顶调速方式,连续式采用减速顶调速方式

4.2 货运重载化下的驼峰头部调速控制优化研究

本节在分析车辆溜放动力学过程的基础上,研究车辆溜放过程中的阻力以及合力,探究减速器制动原理,建立制动减速过程的数学模型,研究减速器对大轴重车辆的制动适应性,并在此基础上,考虑车辆推峰和溜放过程,建立驼峰溜放部分调速优化模型。

4.2.1 车辆溜放动力学分析

(1)车辆溜放的影响因素。

①车辆因素。

不同车型,如棚车、平车、敞车等,其受风面积、车辆自重都不同,导致其受到的风阻力和基本阻力也不同。

此外,车辆的装载情况也会影响溜放过程。装载后的车辆质量越大,基本阻力越小,同车型的重车和空车所受到的阻力是不同的。另外,重车和空车的受风面积也有可能不同,如满载平车和空平车,在相同的风力和风向情况下,受到的风阻力是不相同的。

②环境因素。

气温和湿度会改变车辆与轮轨间的摩擦系数,对车辆的走行阻力产生影响。风力、风向和车型等因素直接影响车辆受到的风阻力,而风阻力影响着车辆的走行性能,从而对车辆的溜放产生影响。

③驼峰因素。

驼峰因素主要包括驼峰平纵断面的设置,如线路坡度、曲线半径、道岔型号、道岔数和调速系统等。线路坡度是影响车辆速度的直接因素,曲线半径、道岔型号等因素会通过影响车辆的阻力而影响车辆溜放,而调速装备的配置,其数量、性能、分布都会影响驼峰调速的效果,进而影响车辆的走行性能。

(2)车辆溜放过程受到的力。

驼峰溜放的原理是利用车辆本身的重力势能使得车辆安全、快速地溜放到调车场对应的股道,从而实现车组解体、分类的目的。在驼峰溜放的过程中,掌握溜放车辆的运动规律是研究驼峰纵断面设计和间隔调速控制等问题的基础。而研究物体运动规律的关键是对物体进行动力学分析。从动力学角度来说,驼峰溜放过程本质上就是溜放车辆在自身重力的驱动下,克服自身受到的阻力实现溜放。

①车辆自身的重力。

车辆自身的重力是车辆溜放的主要动力来源。对车辆的重力进行正交分解得到的沿斜坡向下与溜车方向相同的分力,后一个分力就是车辆溜放的动力。

②制动力。

制动力是指溜放车辆溜经制动设备时,制动设备作用在车辆上的阻碍车辆运动的阻力。

③车辆溜放阻力。

车辆溜放阻力是指车辆受外界环境因素和设备因素的影响所产生的与车辆运行方向相反的阻力。车辆在溜放过程中受到的单位阻力是研究车辆溜放动力学问题的关键。在车辆正常溜放过程中(不考虑溜经制动设备受到的制动力),作用在车辆上的阻力可分为四类:基本阻力、风阻力、曲线附加阻力、道岔附加阻力。下面分别对这四种阻力进行具体分析。本节中提到的阻力都是指单位阻力,单位为 N/kN。

a. 基本阻力。

基本阻力是指车辆在平直线上溜行时,除风阻力以外所受的阻力。引起基本阻力的因素很多,其中最主要的是车辆各零部件之间、车辆表面与空气之间以及车轮与钢轨之间的摩擦和冲击。归纳起来,车辆的基本阻力由机械阻力和空气阻力组成,具体可分为由轴承摩擦产生的车辆运行阻力(简称轴承阻力)、车轮在钢轨上滚动所产生的车辆运行阻力(简称滚动阻力)、车轮与钢轨的滑动摩擦所产生的车辆运行阻力(简称滑动阻力)、冲击和振动阻力以及空气阻力五部分。

基本阻力包含的阻力类型较多,且受到多种复杂因素(包括轴承类型、轴重、轮对转速、轮轨材料性质、车轮半径、车轮踏面形状、道床等级、环境温度、风速、风向等)的影响。一方面,这些因素都是随机的,直接用数理知识和理论公式难以表示出这些因素对基本阻力的影响;另一方面,影响基本阻力的因素众多,计算得到的公式复杂,难以在实际中被应用。为此,通常进行大量试验,运用统计分析的方法综合得到经验公式,对基本阻力进行计算。《铁路驼峰及调车场设计规范》(TB 10062—2018)给出了最新的溜放车辆单位基本阻力计算方法,具体如下:

$$w_{基} = 2.439 + (0.00008Q - 0.01743)t - 0.015Q + 0.00017t^2 + 0.1v_{车} \pm 1.65\sigma_{基} + 0.39K_w \tag{4-1}$$

$$\sigma_{基} = 0.602 - (0.0012 + 0.00002Q)t - 0.003Q + 0.00002t^2 \tag{4-2}$$

式中:$w_{基}$——单位基本阻力,N/kN;

Q——车辆总重,t;

t——计算气温,℃,低于0℃时取负值,高于0℃取正值;

$v_{车}$——车辆平均溜放速度,m/s;

K_w——位置参数,驼峰溜放部取1,调车场取0;

$\sigma_{基}$——车辆溜放基本阻力离散度的均方差,对于式(4-1)中的"±",难行车取"+",易行车取"-",中行车取0。

b. 风阻力。

风阻力是指车辆在溜放过程中与空气相对运动产生的力。风阻力既可以是阻力,也可以是推力。当风阻力方向和溜车方向一致时,阻有利于车辆的溜放走行;当风阻力方向和溜车方向相反时,阻碍车辆在驼峰上的溜放走行。试验表明,在驼峰溜放过程中,难行车受到的风阻力占到总阻力的30%~50%。驼峰车辆溜放的风阻力是设计驼峰的重要依据,风阻力对峰高的计算产生直接影响,且对研究车辆的溜放运动规律也至关重要。因此,精确地掌握风阻力的计算方法,能够为掌握驼峰车辆溜放运动规律,实现驼峰溜放速度自动控制奠定基础。

c. 曲线附加阻力。

当车辆溜行到曲线时,会受到曲线作用在车辆上的曲线附加阻力。引起曲线附加阻力的原因包括:有些车轮轮缘压向外侧钢轨,有些车轮轮缘压向内侧钢轨,使轮缘和钢轨之间产生额外摩擦;在离(内)心力作用下,车轮向外(内)侧移动,轮轨间产生额外横向移动;由于曲线上内外轨长度不同,同一轴上的内、外股钢轨上的两车轮的滚动半径不同,增强了车轮与钢轨间的纵向滑动;进入曲线后,转向架围绕中心盘转动时,上下中心盘之间的摩擦、轴瓦和轴颈之间的摩擦加剧。

曲线附加阻力的影响因素包括曲线线路参数、运行速度等,难以用理论公式直接计算。根据大量的现场试验结果以及《铁路驼峰与调车场设计规范》(TB 10062—2018),车辆经过平面曲线(含道岔的导曲线)时,每经过1°转角,车辆消耗的能高为0.008m。因此,车辆行经曲线消耗的能高为$0.008\sum\alpha$m,车辆受到的单位曲线附加阻力可表示为:

$$w_{曲} = \frac{8\sum\alpha}{\sum l_{曲}} \tag{4-3}$$

式中:$w_{曲}$——单位曲线阻力,N/kN;

$\sum\alpha$——曲线段对应的总转角,(°);

$\sum l_{曲}$——曲线长度,m。

d. 道岔附加阻力。

当车辆溜放至道岔时,撞击尖轨和辙叉所产生的阻力称为道岔附加阻力。根据《铁路驼峰与调车场设计规范》(TB 10062—2018),每经过一组道岔,车辆消耗的能高是0.024m。所以,车辆受到的单位道岔附加阻力可表示为:

$$w_{道} = \frac{24n}{\sum l_{道}} \qquad (4-4)$$

式中:$w_{道}$——单位道岔阻力,N/kN;

n——车辆经过的道岔个数;

$\sum l_{道}$——车辆经过的道岔总长度,m。

将溜放过程中作用在车辆上的四种单位阻力相加,得到车辆溜放的单位总阻力 w_0,计算公式如式(4-5)所示。

$$w_0 = w_{基} + w_{风} + w_{曲} + w_{道} \qquad (4-5)$$

(3)溜放车辆所受合力分析。

车辆沿斜面溜放时,其重力 G 可分解为沿坡道斜面的分力 F 和垂直于斜面坡道的分力 P。其中,P 为车辆对轮轨的压力,使钩车车轮和钢轨之间产生黏着作用,F 与车辆运动方向相同,为钩车溜放的动力,计算公式为:

$$F = G\sin\alpha \approx G\tan\alpha \approx Gi \qquad (4-6)$$

式中:G——车辆的重力,N;

i——驼峰坡道的坡度值,‰。

因此,车辆在溜放过程中受到的合力为:

$$F_{合} = F - R_{总} = G \cdot i‰ - R_{总} = G \cdot i \times 10^{-3} - R_{总} \qquad (4-7)$$

当车辆自驼峰向下溜放时,它是在 F 和 $R_{总}$ 的共同作用下运动的,F 的大小取决于车辆的质量和坡度,$R_{总}$ 的大小取决于车辆的质量以及车辆在溜放过程中所受到的单位总阻力 w_0,w_0 以 N/kN 计,或以‰表示(1N/kN = 1‰)。$R_{总}$ 如式(4-8)所示。

$$R_{总} = G \times w_0 \times 10^{-3} \qquad (4-8)$$

因此,车辆溜放时所受的合力为:

$$F_{合} = F - R_{总} \approx G(i - w_0) \times 10^{-3} = Qg'(i - w_0) \times 10^{-3} \qquad (4-9)$$

式中:g'——考虑列车转动惯量修正的重力加速度,计算公式为:

$$g' = \frac{g}{1 + \dfrac{0.42n}{Q}} \qquad (4-10)$$

式中:Q——车辆总重,t;

n——车辆轴数;

g——标准的自由落体加速度,m/s^2。

由式(4-9)可知,此合力为正值时,溜放车辆将加速运行;此合力为负值时,溜放车辆将减速运行;此合力为零时,溜放车辆将等速运行。

4.2.2 货车重载化下的驼峰溜放部分头部调速控制模型

(1)车辆减速器制动原理及制动模型。

为定量解决车辆减速器(简称"减速器")制动能力不足问题,需深入研究其制动原理,进而建立制动模型。减速器对车轮的制动是通过在钢轨上方一定高度处设置制动轨,从两侧对轮辋施加压力产生摩擦实现的。减速器与轮辋摩擦面如图4-1阴影部分所示。根据理论力学原理,车轮在钢轨上滚动时,轮轨接触点为瞬时速度为零的点,其受力分析可采用速度瞬心法。设车轮向左侧滚动,则车轮滚动的瞬间可以看作车轮以 C 点为圆心做旋转运动。此时,车轮所受摩擦力(图中阴影部分)为以 C 点为圆心的阴影图形切线方向,方向与绕 C 点旋转方向相反。

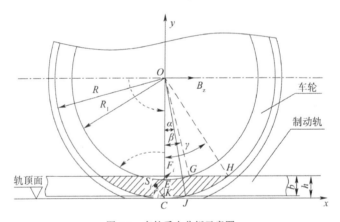

图4-1 车轮受力分析示意图

C-轮轨接触点;O-车轮轴心;α、β、γ-$\overset{\frown}{CJ}$、$\overset{\frown}{EG}$、$\overset{\frown}{CH}$ 的弧度;s_i-接触面上任取的极小接触面面积(m^2);r_i-面 S_i 到 C 点的距离(m);b-制动轨高度(m);h-制动轨顶面到钢轨面的距离(m);B_z-等效制动力(N);R-车轮半径(m);R_1-车轮内径(m)

在图4-1中阴影部分任取极小接触面 s_i,并假设接触面 s_i 上力的方向一致,则接触面 s_i 上摩擦力对瞬心 C 的力矩为:

$$M_i = \mu \frac{P}{S} s_i \times r_i \tag{4-11}$$

式中：M_i——接触面 s_i 处的摩擦力矩，$N \cdot M$；

μ——钢轨摩擦系数；

P——制动轨侧压力，N，分布均匀；

S——制动轨与车轮接触面积，m^2。

对该力矩积分，可得整个接触面 S 对 C 点的力矩：

$$M_c = \int_S \mathrm{d}M_i = \int_S \mu \frac{P}{S} \mathrm{d}s_i \times r_i = \mu \frac{P}{S} \int_S r_i \mathrm{d}s_i \tag{4-12}$$

建立以 C 点为原点，以 CO 为 y 轴，以水平方向为 x 轴的坐标系。由于面积 S 关于 y 轴对称，只需计算其一半即可。假设 b 为制动轨高度，h 为制动轨顶面到钢轨面的距离，y 轴右侧阴影部分面积为 S'，建立接触面 S' 边界函数方程：

$$\widehat{EG}: y = R - \sqrt{R_1^2 - x^2} \quad (0 \leqslant x \leqslant \sqrt{R_1^2 - (R-h)^2}) \tag{4-13}$$

$$\widehat{JH}: y = R - \sqrt{R^2 - x^2} \quad (\sqrt{R^2 - [R-(h-b)]^2} \leqslant x \leqslant \sqrt{R^2 - (R-h)^2}) \tag{4-14}$$

$$KJ: y = h - b \quad (0 \leqslant x \leqslant \sqrt{R^2 - [R-(h-b)]^2}) \tag{4-15}$$

$$GH: y = h \quad (\sqrt{R_1^2 - (R-h)^2} \leqslant x \leqslant \sqrt{R^2 - (R-h)^2}) \tag{4-16}$$

可得到：

$$M_c = 2\mu \frac{P}{S} \int_{S'} \sqrt{x^2+y^2} \mathrm{d}x\mathrm{d}y = 2u \cdot \frac{P}{S} \cdot \left(\begin{array}{l} \int_0^{\sqrt{R^2-[R-(h-b)]^2}} \mathrm{d}x \int_{h-b}^{R-\sqrt{R_1^2-x^2}} \sqrt{x^2+y^2} \mathrm{d}y + \\ \int_{\sqrt{R^2-[R-(h-b)]^2}}^{\sqrt{R_1^2-(R-h)^2}} \mathrm{d}x \int_{R-\sqrt{R^2-x^2}}^{R-\sqrt{R_1^2-x^2}} \sqrt{x^2+y^2} \mathrm{d}y + \\ \int_{\sqrt{R_1^2-(R-h)^2}}^{\sqrt{R^2-(R-h)^2}} \mathrm{d}x \int_{R-\sqrt{R^2-x^2}}^{h} \sqrt{x^2+y^2} \mathrm{d}y \end{array} \right) \tag{4-17}$$

$$S = \gamma \cdot R^2 - \frac{R^2}{2}\sin 2\gamma - \left(\alpha \cdot R^2 - \frac{R^2}{2}\sin 2\alpha\right) - \left(\beta \cdot R_1^2 - \frac{R_1^2}{2}\sin 2\beta\right) \tag{4-18}$$

$$\alpha = \arccos \frac{R-(h-b)}{R} \tag{4-19}$$

$$\beta = \arccos \frac{R-h}{R_1} \tag{4-20}$$

$$\gamma = \arccos \frac{R-h}{R} \tag{4-21}$$

重力式减速器制动轨压力与车辆质量有关：

$$P = \frac{1}{2}Kq\frac{Q_z}{2} = \frac{1}{4}KqQ_z \tag{4-22}$$

$$Q_z = mg' \tag{4-23}$$

$$g' = \frac{g}{1+r} \tag{4-24}$$

$$r = \begin{cases} \dfrac{1.7353}{4Q_z} & (4Q_z \leq 40t) \\ \dfrac{1.7530}{4Q_z} & (40t < 4Q_z \leq 60t) \\ \dfrac{1.7708}{4Q_z} & (60t < 4Q_z) \end{cases} \tag{4-25}$$

式中：K——减速器机械杠杆比；

q——减速器附加制动力系数；

Q_z——车辆分摊到每根轴上的质量，t；

m——平均分摊到每根轴上的质量，kg；

g'——考虑到转动惯量的重力加速度，m/s²；

g——标准自由落体加速度，m/s²，取 9.81m/s²。

减速器对车辆的制动力是作用在车轮轴心，且与车轮运动方向相反的力，即轴向作用力。故需将接触面 S 的摩擦力等效为作用于轴心 O 点的轴向制动力。一根车轴有 2 个车轮，4 个接触面，由于车轮内外接触面制动轨高度不同，摩擦力矩也不同，因此：

$$B_z \cdot R = 2M_{cn} + 2M_{cw} \tag{4-26}$$

由此得到减速器对每车轴的制动力，如式（4-27）所示。

$$B_z = \frac{2(M_{cn} + M_{cw})}{R} \tag{4-27}$$

式中：M_{cn}——内侧接触面摩擦力矩，N·M；

M_{cw}——外侧接触面摩擦力矩，N·M。

（2）既有减速器制动适应性。

①既有减速器对"大轮车"的制动力分析。

以目前常用的 T·JK3-A(50) 减速器为例，在计算中摩擦系数 μ 取 0.1，机械杠杆比 K 取 2.96，减速器附加制动力系数 q 取 1.3，制动轨距轨面高度 h 外侧为 70mm，内侧为 78mm，制动轨高取 70mm。假设 27t 轴重通用货车轮辋厚度为 65mm，以减速器最大承重25t计算,在相同质量下T·JK3-A(50)减速器对直径840mm、915mm车轮每轴制动力B_z分别为23.679kN、22.550kN,制动力减小1.129kN,减小幅度为4.8%。也就是说,车轮直径增大75mm后减速器制动能力降低4.8%。

②既有减速器制动适应性。

以21t轴重货车为主型车制动力需求为基准,按照15%安全裕量考虑,分别计算21t、23t及27t轴重通用货车制动力需求及供给情况,见表4-2。

21t、23t及27t轴重通用货车制动力需求及供给情况　　表4-2

轴重	21t	23t	27t
制动力需求	1.000	1.120	1.275
制动力供给	1.150	1.150	1.095
供需平衡情况(%)	15.0	3.0	−18.0

从表4-2可以看出,23t轴重货车应用时,安全裕量仅剩3%;而27t轴重货车的制动力需求则不能满足,相差18.0%;如考虑15%的制动安全裕量,则制动力需求"缺口"高达37.1%。可见,未来27t轴重货车应用时,减速器制动能力亟须加强。

(3)既有减速器强化措施。

我国铁路编组站驼峰头部短,且道岔、曲线多,空间上不具备增加减速器数量的条件,只有从提高减速器制动力的角度来提高其对27t轴重通用货车的适应性。根据减速器制动原理,可以从以下几个方面提高减速器制动能力:

①提高减速器制动轨高度。

从减速器制动力计算模型可以看出,提高制动轨高度可以增大摩擦力臂r_i,进而增大摩擦力矩,达到增强制动力的效果。我国既有编组站驼峰建成较早,当时减速器限界较低。随着我国铁路机车车辆技术的发展,蒸汽调车机车已被淘汰,机车车辆中早期的低限界杂牌车也已被淘汰,机车车辆下部限界已具备提高条件。2007年,《车辆减速器通用技术条件》(TB/T 2845—2007)发布,对减速器限界作出新的调整。与原减速器限界相比,新的减速器上部限界开口部分,制动时内侧由93mm提高到120mm,外侧由87mm提高到110mm,缓解时内外侧均为105mm;道心部分最低点由10mm提高到55mm。依照新减速器限界标准,制动轨提高后减速器机械杠杆比K降为2.85,其他参数同T·JK3-A(50)减速器,按两个标准计算出的减速器等效制动力B_z见表4-3。

按两个标准计算出的 B_z 表 4-3

直径（mm）	按铁道部最早关于机车车辆减速器上部限界的文件计算出的 B_z（kN）	按《车辆减速器适用技术条件》（TB/T 2845—2007）计算出的 B_z（kN）	增加值	增幅（%）
840	23.679	37.113	13.434	56.7
915	22.550	35.404	12.854	57.0

从表 4-3 可以看出,无论是对于直径 840mm 的车轮还是对于直径 915mm 的车轮,随着制动轨高度的提升,减速器制动力大幅提高,幅度接近 60%。提高减速器制动轨高度可以有效解决 27t 轴重通用货车应用条件下制动力不足的问题。由于《车辆减速器通用技术条件》(TB/T 2845—2007)于 2007 年已颁布,目前国内减速器生产厂家已有这方面技术储备,未来改造难度不大。

②增大制动压力。

增大制动压力可以增加制动轨对车轮的侧压力,进而提高减速器制动力。然而,我国铁路大多数路网性、区域性编组站目前所用减速器为气动型减速器,空气压力装置的最大气压为 0.8MPa,如果采用增加空气压力以提高减速器制动力,则需对空气制动系统进行升级改造,工程量及投资较大。

③降低推峰速度。

降低推峰速度,减小货车初始动能,可以降低减速器的制动压力。目前,我国铁路编组站推峰速度普遍采用 3-5-7 的推峰方式,即单钩车为 3km/h、小组车为 5km/h、大组车为 7km/h。一般情况下,单钩车最大推峰速度不超过 7km/h。假设间隔制动减速器为 6+6 形式,由此可以计算出以 3km/h 推峰速度为基准不同推峰速度下满载 27t 轴重货车消耗的减速器制动力,见表 4-4。

降低推峰速度对减速器制动力的影响 表 4-4

推峰速度（km/h）	7	5	3
初始动能（kJ）	50.332	25.680	9.245
差值（kJ）	24.653	16.435	—
消耗制动力（kN）	1.712	1.141	—

从表 4-4 可以看出,推峰速度由 7km/h 降为 5km/h、由 5km/h 降为 3km/h 时,

车辆消耗减速器制动力分别为 1.712kN、1.141kN，占减速器制动力的 7.6%、5.1%。与提高制动轨高度措施相比，推峰速度的降低并不能大幅降低溜放货车对速器制动能力的需求。同时，降低推峰速度将延长车列平均解体时间，影响驼峰解体能力和解体效率，不利于编组站的解编工作组织。

④研制新型减速器。

虽然我国铁路编组站减速器经过多年发展不断取得进步，但仍存在制动分级不够、制动力不可调（重力式减速器）、能耗大、噪声大、寿命短、控制精度低等问题，与国外减速器（如美国 96 型气动式减速器、德国 TW 型液压式减速器等）尚有较大差距，还需努力提高减速器制造技术及工艺，提升我国铁路减速器制动性能。

通过比较上述强化措施可知，提高制动轨高度带来的制动能力提升幅度较大，且改造难度较小。但在驼峰改造工作中，可多项措施综合运用，以达到提高减速器对大轴重通用货车制动力适应性的目的。

4.3 货运重载化下的驼峰调车场调速控制优化研究

本节首先研究减速顶对 27t 轴重货车的适应性，以此为基础从调速控制和调整坡度等角度提出解决方案；然后，分析既有出口定速模型及其不足，提出基于动态连挂的驼峰目的调速控制，建立驼峰目的制动出口定速模型；最后，对车辆动态连挂过程进行分析，建立仿真模型，提出基于分段递推的驼峰溜放仿真模型。

4.3.1 27t 轴重通用货车应用下调车场连挂区调速控制

（1）减速顶对 27t 轴重货车的适应性。

①减速顶对 27t 轴重货车制动能力的适应性。

为定量计算减速顶对 27t 轴重货车制动功的减幅，根据减速顶制动原理，基于减速顶油缸上腔的压强变化，将减速顶对车轮的制动过程分为三个阶段。

减速顶速度阀关闭至压力阀开启为第一阶段。此阶段，氮气压缩，油缸上腔压力上升，油缸上腔压强及其产生的轴向力对车轮做功，分别如式(4-28)和式(4-29)所示。

$$p_{11} = \frac{p_0}{\left(1 - \dfrac{S_1 h}{v_0 \cos\alpha}\right)^n} \qquad (4\text{-}28)$$

$$W_{p_{11}} = \cos\alpha \int_0^{h_0} p_{11} S_1 \, dh \qquad (4\text{-}29)$$

减速顶压力阀开启并保持最大开量状态为第二阶段。此阶段，油缸上腔压强及其产生的轴向力对车轮做功，如式(4-30)所示。

$$p_{12} = \frac{\rho S_1^2 u^2}{2 C^2 S(x_{\max})^2} \qquad (4\text{-}30)$$

$$S(x) = \pi d \sqrt{\frac{1}{4}d^2 + \left(\sqrt{r_f^2 - \frac{1}{4}d^2} + x\right)^2} - r_f \qquad (4\text{-}31)$$

$$u = \frac{v \tan\beta}{\cos\alpha} \qquad (4\text{-}32)$$

$$\tan\beta = \frac{\sqrt{R_1^2 - (R_1 - H_0)^2}}{R_1 - H_0} \qquad (4\text{-}33)$$

$$H_0 = \frac{R_1 \left[H_T + b - r + \sqrt{r^2 - (s + h\tan\alpha)^2} - h \right]}{R_1 + \sqrt{r^2 - (s + h\tan\alpha)^2}} \qquad (4\text{-}34)$$

$$W_{p_{12}} = \cos\alpha \int_{h_0}^{h_1} p_{12} S_1 \, dh \qquad (4\text{-}35)$$

减速顶压力阀从最大开量状态逐渐下落为第三阶段。此阶段，压力阀处于动平衡状态，油缸上腔压强及压力阀液流阻力产生的轴向力对车轮做功，如式(4-36)所示。

$$p_{13} = \frac{KX_0}{S_x} + \frac{Kx}{S_x} + \frac{\rho S_1 u}{S_x} \left(C_1 \sqrt{\frac{2 p_{13}}{\rho}} \cos\phi - \frac{S_1 u}{S_x} \right) \qquad (4\text{-}36)$$

$$x = \sqrt{\left(\frac{S_1 u}{C \pi d \sqrt{\dfrac{2 p_{13}}{\rho}}} + r_f\right)^2 - \frac{1}{4}d^2} - \sqrt{r_f^2 - \frac{1}{4}d^2} \qquad (4\text{-}37)$$

$$\cos\phi = \frac{d}{2\sqrt{\frac{1}{4}d^2 + \left(\sqrt{r_f^2 - \frac{1}{4}d^2} + x\right)^2}} \quad (4\text{-}38)$$

$$W_{p_{13}} = \cos\alpha \int_{h_1}^{h_{\max}} p_{13} S_1 \mathrm{d}h \quad (4\text{-}39)$$

另外,在减速顶上腔油缸的整个下移过程中,还有机械摩擦力对车轮做功,如式(4-42)所示。

$$F_\mathrm{d} = fF_\mathrm{h}\frac{2h_\mathrm{a} + h_\mathrm{b} - h}{h_\mathrm{b} + h} \quad (4\text{-}40)$$

$$F_\mathrm{h} = F\cos\alpha\ \sqrt{\sin^2\alpha + \tan^2\beta} \quad (4\text{-}41)$$

$$W_\mathrm{d} = \cos\alpha \int_0^{h_{\max}} F_\mathrm{d} \mathrm{d}h \quad (4\text{-}42)$$

因此,减速顶总制动功为:

$$W = W_{p_{11}} + W_{p_{12}} + W_{p_{13}} + W_\mathrm{d} \quad (4\text{-}43)$$

式(4-28)~式(4-43)中: p_{11}——速度阀关闭后到压力阀打开前的氮气压力,Pa;

h——油缸的垂直位移,m;

p_{12}——压力阀处于最大开量状态时油缸上腔压强,Pa;

$S(x)$——压力阀口处的过流面积,m^2;

x——压力阀开量,m;

v——车轮滚动速度,m/s;

β——车轮与油缸头部的切入角,(°);

H_0——接触点的油缸垂直工作高度,m;

$W_{p_{11}}$——第一阶段氮气压缩产生的轴向力做功,J;

$W_{p_{12}}$、$W_{p_{13}}$——分别为第二、三阶段压力阀液流阻力产生的轴向力做功,J;

p_{13}——第三阶段油缸上腔油液的压强,Pa;

S_x——压力阀阀芯截面积,$S_\mathrm{x} = 1/4 \cdot \pi d^2$,$m^2$;

ϕ——压力阀入口流速和出口流速的夹角,(°);

F_d——油缸所受摩擦,N;

f——油缸与壳体间的摩擦系数;

F_h——油缸头部所受垂直轴线方向的正压力,N;

h_a——油缸受到上衬套作用力的等价作用点至车轮与

油缸接触点沿轴线方向的距离,m;

h_b——油缸受到上衬套作用力的等价作用点至油缸受到下衬套作用力的等价作用点沿轴线方向的距离,m;

F——车轮对油缸的作用力(以油缸上腔压力近似值代替),N;

W——减速顶制动功,J。

其他减速顶制动功计算参数见表4-5。

减速顶制动功计算参数　　　　表4-5

参数	含义	取值	参数	含义	取值
P_0	氮气初始压力(Pa)	7.8×10^5	S_1	油缸上腔横截面积(m^2)	2.827×10^{-5}
V_0	氮气初始容积(m^3)	5.655×10^{-5}	α	减速顶安装角(°)	10
n	氮气多变过程指数	1.4	h_0	从油缸开始下移到压力阀刚开启的油缸垂直工作行程(m)	0.016
ρ	液压油密度(kg/m^3)	840	C	阀口处流量系数	0.62
x_{max}	压力阀最大开量(m)	0.004	d	压力阀座通孔直径(m)	0.014
r_f	球阀半径(m)	0.008	R_1	车轮半径(m)	0.420/0.4575
H_T	减速顶的安装高度(m)	0.058	b	车轮轮缘高度(m)	0.025
r	油缸球头半径(m)	0.090	s	车轮横动量(m)	0.030
K	压力阀弹簧刚度(N/m)	10^4	X_0	压力阀弹簧预压缩量(m)	0.030
C_1	流速系数	0.97	h_1	压力阀由限位状态转换至动平衡状态时,油缸垂直工作行程(m)	0.054
h_{max}	油缸最大垂直工作行程(m)	0.072			

由此分别计算出915mm、840mm轮径减速顶各阶段制动功,见表4-6。

不同轮径减速顶各阶段制动功(单位:J)   表 4-6

阶段	840mm 轮径		915mm 轮径	
	油缸上腔压力做功	摩擦力做功	油缸上腔压力做功	摩擦力做功
第一阶段	112	11	107	11
第二阶段	640	45	588	40
第三阶段	132	4	141	4
合计	884	60	836	55
总计	944		891	

从表 4-6 可以看出,轮径由 840mm 增加到 915mm,减速顶制动功由原来的 944J 减少到 891J,减幅 5.61%。也就是说,在相同质量且溜放速度均高于临界制动速度的条件下,相对于 840mm 轮径的 21t、23t 轴重货车,调车场连挂区对 27t 轴重货车的调速控制能力同比降低 5.61%。

②减速顶对 27t 轴重货车临界制动速度的适应性。

当车轮压上减速顶的速度大于临界速度时,速度阀关闭,减速顶做制动功;反之,仅油缸下滑时的摩擦力做阻力功,该速度就是减速顶的临界速度,如式(4-44)所示。

$$v_L = \frac{CD_1 h_s \cos\alpha}{(D_0^2 - d_0^2)\tan\beta_L} \sqrt{\frac{32}{\rho} \times \frac{n_1 K_1 (X_1 + h_s) - p_0(A_1 - A_2)}{A_2}} \quad (4-44)$$

式中:v_L——减速顶临界速度,m/s;

D_1——速度阀板外径,m;

h_s——速度阀开量,m;

D_0——滑动油缸内径,m;

d_0——活塞杆直径,m;

β_L——车轮与油缸头部的临界切入角,°;

n_1——速度阀弹簧数量;

K_1——速度阀弹簧刚度,N/m;

X_1——速度阀弹簧预压缩量,m;

A_1——速度阀板上面的受压面积,m²;

A_2——速度阀板下面的受压面积,m²。

根据式(4-44)可知,减速顶临界速度 v_L 与轮径成正相关关系,与 $\tan\beta_L$ 成负相关关系。轮径越大,初始切入角越小,临界制动速度越高;反之,临界制动速度越低。以调车场常用的Ⅰ档 TDJ-302 型减速顶为例,27t 轴重货车轮径增大后临界速度上浮情况见表 4-7。

27t 轴重货车轮径增大后临界速度上浮情况　　　　表 4-7

设计临界制动 速度(m/s)	上浮量 (m/s)	上浮比例 (%)	设计安全连挂 速度(m/s)	设计安全余量 (%)	剩余安全余量 (%)
1.25	0.06	4.80	1.39	10	5.76%

从表 4-5 可以看出,减速顶对 27t 轴重货车临界制动速度上浮 0.06m/s,比例为 4.80%。虽然上浮量在减速顶标准允许范围内,但连挂区调速控制的安全余量会减少,由原来的 10% 减少到 5.76%,超速连挂风险增大。

(2)27t 轴重货车应用下调车场连挂区调速控制优化方案。

由前文分析计算可知,27t 轴重货车对调车场连挂区调速控制影响较大,现有调速控制方案已无法满足其溜放制动需求。针对 27t 轴重货车与既有货车混合应用下调车场连挂区调速控制问题,本节从调速控制和调整坡度等角度提出如下解决方案:

①增加连挂区布顶数量。

保持现有纵断面设计坡度不变,为抵消 27t 轴重货车多余溜放动能,需增设减速顶。根据连挂区各坡段调速制动需求,总布顶数量应使满载 27t 轴重货车有利条件下在各坡段不加速,则各坡段应增设减速顶数量为:

$$\Delta N = \sum_{k=1}^{N_p} \frac{(1+\Delta m)(i_k - w_y^j) l_k Q g'}{4W} - \sum_{k=1}^{N_p} N_k \quad (4\text{-}45)$$

式中:ΔN——各坡段增设减速顶数量之和;

N_p——连挂区坡段数量;

N_k——坡段 k 原有减速顶数量;

Δm——减速顶制动能高安全量,取 0.05~0.08;

i_k——连挂区坡段 k 的坡度,‰;

w_y^j——易行车(满载 27t 轴重货车)有利条件下的单位基本阻力,N/kN,取 0.5N/kN;

l_k——连挂区坡段 k 的长度,m;

Q——车辆总重,t;

g'——考虑转动惯量的重力加速度,m/s²。

②调整连挂区纵断面坡度。

如果不增设减速顶,则需要减小连挂区各坡段的坡度,以减少车辆动能。仍以有利溜放条件下满载 27t 轴重货车在各坡段不加速为条件,可得到坡度减小值,如式(4-46)所示。

$$\Delta i_k = i_k - w_y^j - \frac{4N_k W'^{l_k}}{Qg} \tag{4-46}$$

式中:Δi_k——连挂区坡段 k 应减小的坡度,‰。

调整后的连挂区纵断面坡度组合为 $i_1 - \Delta i_1 / \cdots / i_k - \Delta i_k / \cdots / i_{N_p} - \Delta i_{N_p}$。

③增加布顶与调整坡度相结合。

如果单纯增加减速顶数量,会增加调车场运营与维护成本;而单纯降低连挂区坡度,则可能使难行车不利溜放条件下溜放距离过短,影响后续车辆溜放,增加机车下峰整理频次。为此,本节考虑将增加布顶和调整坡度相结合,使连挂区既能满足 27t 轴重货车溜放调速控制需求,又能满足难行车不利条件下最短溜放距离需求(因既有调车场连挂区纵断面按当时滑动轴承货车设计,目前的滚动轴承难行车不利条件溜放距离大于最小要求),同时布顶数量增幅最小,即

$$\min f(N_D^a) = f(N_D^{cr}) - f(N_D^{pr}) \quad (l_{hd}^{hr} \geq L_{min}^{hr}, W_{tt} \geq W_{ed}^{27t}) \tag{4-47}$$

式中:$f(N_D^a)$——布顶增加数量;

$f(N_D^{cr})$——调整坡度后的布顶数量;

$f(N_D^{pr})$——原坡度布顶数量;

l_{hd}^{hr}——难行车不利条件下溜放距离,m;

L_{min}^{hr}——难行车不利条件下最短溜放距离,m;

W_{tt}——各破段减速顶做功之和,J;

W_{ed}^{27t}——27t 轴重货车易行条件下需求制动功,J。

(3)案例分析。

某调车场连挂区总长 750m,其中尾部平坡 100m,坡段设计为三坡段,各坡段长度分别为 100m、300m、250m,坡度分别为 3.2‰、2.4‰、0.8‰,布顶数量分别为 54 台、110 台、6 台。参考驼峰设计难、中、易行车选取方法,27t 轴重货车与既有货车混合应用下连挂区纵断面设计的计算车型及质量分别为:难行车采用风阻力较大的 P_{80},总重 36t;中行车型采用 C_{70},总重 77t;易行车采用 C_{80},总重 106t。难行车不利条件最短溜放距离 150m。调车场连挂区设计气候条件见表 4-8。

调车场连挂区设计气候条件　　　　　　　　　表 4-8

驼峰设计条件	不利溜放条件	有利溜放条件
气温(℃)	-6	27
风速(m/s)	5	0
风向夹角 β(°)	30	0

考虑到单位基本阻力、单位风阻力随车辆溜放速度动态变化,溜放距离解析解很难求出。这里采用数值逼近方法,将溜放区段划分为 N 等份(N 越大精度越高),假设车辆在每个小段内做匀加速(或减速)运动,分别计算出车辆在本段的加速度、末速度,以末速度小于等于零为停止计算条件,分别推算出三种改造方案的溜放效果,见表 4-9。

不同改造方案下布顶数量与溜放距离　　　　　表 4-9

设计方案	坡度组合(‰)	布顶数量	布顶增量	溜放距离(m) 难行车	溜放距离(m) 中行车	溜放距离(m) 易行车
原方案	3.2/2.4/0.8	54/110/6	—	246	474	750
方案一	3.2/2.4/0.8	84/176/24	114	218	471	750
方案二	2.1/1.6/0.5	54/110/6	0	93	310	750
方案三	2.8/1.9/0.5	72/130/2	34	155	442	750

从表 4-9 可以看出,纵断面坡度不变方案布顶数量增幅较大,每股道增加 114 个,增幅达 67%,对于拥有双向 2 个 32 条调车线的编组站来说,需增加布顶 7296 个,调车场改造投资、运营及维修成本增幅较大;调整纵断面坡度方案虽然不增加布顶数量,但难行车溜放距离远不能满足设计要求,中行车溜放距离降幅也较大;增加布顶与调整坡度相结合存在多种调整方案,按照式(4-47)的优化目标及约束条件,得到表中方案三最优,相比单纯增加布顶方案,本方案减速顶数量增幅最小,为 34 台,增幅 20%。

4.3.2　基于动态连挂的驼峰目的制动出口定速研究

(1) 既有出口定速模型及不足。

① 目的调速控制复杂性。

驼峰目的制动调速控制的核心是在研究车辆受力情况及溜放运动规律的基础

上,建立减速器出口定速模型,根据溜放车辆的走行特性、线路条件、停车位置、减速顶布顶情况等,设计适合的算法计算车辆或车组离开减速器出口时的速度。

随着自动提钩技术的发展,驼峰目的调速控制问题的复杂性进一步提升。以往人工提钩依靠工作人员的经验判断提钩时机和提钩地点,自动提钩技术引入后,提钩时间、提钩地点都由计算机系统根据目前车列的速度、状态计算得出。在车列运行速度较高时,自动提钩相比人工提钩精确度要高很多。因此未来自动提钩下的车列推峰速度必将提升,推峰速度的提升将提高驼峰推送部分的作业效率,但驼峰溜放部分在既有调速控制下的作业效率无法跟进。车列速度的整体提高导致目的调速控制难度增加,这是未来编组站驼峰目的调速控制需要解决的一大问题。

在27t轴重货车投入使用后,驼峰溜放车辆的走行性能差异将进一步增大,27t轴重货车车轮尺寸的增大使得现有减速器表现出制动能力不足的问题。另外,27t轴重货车车体尺寸相比既有车型增加不少,导致轻载车辆尤其是棚车在溜车不利条件下面临更大的风阻力,难以溜放到指定停车位置,在某些情况下甚至出现车辆堆积造成"堵门"现象,这就造成了驼峰溜放部分作业效率与自动提钩技术引入后推送部分作业效率严重不匹配。这是未来编组站驼峰目的调速控制面临的另一大难题。

因此,提高驼峰溜放部分作业效率,避免轻载车辆溜放不到位,是自动提钩技术及27t轴重货车应用下驼峰目的调速控制应重点研究的问题。

② 既有出口定速模型原理。

驼峰自动控制系统的核心是驼峰车辆溜放控制。驼峰车辆溜放控制是对走行性能不同的车辆溜放速度进行控制——驼峰调速系统通过技术设备监测钩车的实时状态,结合驼峰平纵断面和股道参数,通过调节减速器实现对溜放车辆速度的控制。

驼峰目的制动调速的作用是控制车辆离开制动位的出口速度,使溜放车辆停到指定地点,目的制动位减速器的功能是为车辆的安全连挂创造条件。车辆到达减速器入口,当测速设备测得车辆速度大于计算出口速度时,减速器给车辆施加制动力,将车辆速度降低至计算出口速度,保证车辆能停到调车线上的指定位置;当车辆速度小于计算出口速度时,减速器处于缓解状态,尽可能使车辆溜行得更远。

从目的制动位减速器的工作原理可以看出,实现驼峰目的制动的关键在于减速器出口速度的获得。车辆在离开目的制动位后基本保持自由溜行的状态,车辆在调车线内溜行的影响因素较多,其中最为关键的就是溜放阻力,其决定了车辆的运动规律。早期的出口定速模型将钩车溜放阻力看作常数处理,其实际上是一个匀变速运动方程:

$$v_0 = \sqrt{v_{挂}^2 - 2g' \times 10^{-3}(i-w)l} \tag{4-48}$$

式中：$v_{挂}$——目标连挂速度，m/s；
　　　w——钩车单位阻力，N/kN；
　　　i——股道平均坡度，‰；
　　　l——钩车走行距离，m；
　　　g'——考虑转动惯量修正后的重力加速度，m/s²。

$$g' = \frac{g}{1 + \frac{0.42}{Q}n} \tag{4-49}$$

式中：g——重力加速度，m/s²，取 9.8m/s²；
　　　Q——车辆总重，t；
　　　n——计算车辆轴数，我国均为 4 轴车。

随着对溜放阻力认识的不断深入，后又以空气阻力为重点考虑因素建立如下模型：

$$v_0 = e^{Al}\sqrt{v_{挂}^2 - 2g' \times 10^{-3}\left(i - w_0 - q\frac{4E}{m}\right)e^{-Al\frac{\sinh(Al)}{A}}} \tag{4-50}$$

$$A = 0.063 g' \frac{S}{m}$$

式中：$v_{挂}$——目标连挂速度，m/s；
　　　v_0——三部位减速器出口速度，m/s；
　　　l——股道空闲长度，m；
　　　S——车辆正面积，m²；
　　　m——车组平均质量，kg；
　　　E——减速顶制动功，m/(t·轮次)；
　　　q——布顶密度，台/m。
　　　w_0——钩车基本阻力，kg/t。

该模型适用于 TW-2 型驼峰自动化系统，相关参数由现场作业及试验获得。

虽然上述模型考虑了空气阻力的影响，但仅仅是风速为零的情况，在实际溜放过程中，车辆难免会受到环境风的作用。研究表明，车辆所受的风阻力占总阻力的 30%，尤其是对于棚车、敞车，在部分条件下，风阻力甚至可以达到总阻力的 55%。从风阻力表达式可以看出，风阻力的大小与车辆速度成二次函数关系，这也说明了车辆的溜放过程是一个变加速运动过程，可以通过求解微分方程对风阻力影响下的车辆变加速运动过程进行更加精确的描述。

丁昆针对风阻力与车辆溜放速度的关系进行了深入研究，通过数学推导得出

了环境风存在下的车辆非匀变速运动方程式,具体模型建立过程如下:

根据牛顿第二定律,车辆在溜放过程中的合力为:

$$F = F_1 - W = ma \tag{4-51}$$

式中:W——溜放车辆的总阻力,N;

F_1——车辆重力沿坡面向下的分力,N。

W包含了基本阻力$W_\text{基}$和风阻力$W_\text{风}$:

$$W_\text{基} \approx 10^{-3} mg' w_0 \tag{4-52}$$

$$W_\text{风} = av^2 + bv + c \tag{4-53}$$

式中:w_0——单位基本阻力,N/kN;

$W_\text{风}$中参数a、b、c的取值为根据式(4-57)~式(4-62)计算的A、B、C。

将式(4-52)、式(4-53)代入式(4-51),得:

$$F = mg \times 10^{-3} i - (av^2 + bv + c) - 10^{-3} mg' w_0 = ma \tag{4-54}$$

对式(4-54)建立微分方程:

$$mgi \times 10^{-3} - a\left(\frac{\mathrm{d}l}{\mathrm{d}t}\right)^2 - b\frac{\mathrm{d}l}{\mathrm{d}t} - c - 10^{-3} mg' w_0 = m\frac{\mathrm{d}^2 l}{\mathrm{d}t^2} \tag{4-55}$$

整理后得到:

$$l + Al^2 + Bl + C = 0 \tag{4-56}$$

式中:l——车辆走行距离,m。

当$v \leq -v_\text{风} \cos\beta$(逆风区间)时:

$$A = 0.063g \frac{S_1}{m} \tag{4-57}$$

$$B = 0.063g \frac{v_\text{风}}{m}(2S_1 \cos\beta + S_2 \sin\beta) \tag{4-58}$$

$$C = 10^{-3} g'(w_0 - i) + 0.063g \frac{v_\text{风}^2 \cos\beta}{m}(S_1 \cos\beta + S_2 \sin\beta) \tag{4-59}$$

当$v > -v_\text{风} \cos\beta$(顺风区间)时:

$$A = -0.063g \frac{S_1}{m} \tag{4-60}$$

$$B = 0.063g \frac{v_\text{风}}{m}(S_2 \sin\beta - 2S_1 \cos\beta) \tag{4-61}$$

$$C = 10^{-3} g'(w_0 - i) - 0.063g \frac{v_\text{风}^2}{m}(S_1 \cos^2\beta - S_2 \sin\beta \cos\beta) \tag{4-62}$$

对式(4-62)进行求解,分四种情况讨论:

情况 1：$v \leqslant -v_风 \cos\beta, B^2 - 4AC < 0$。

$$l = \frac{1}{2A}\ln\left|\frac{Av_0^2 + Bv_0 + C}{Av^2 + Bv + C}\right| - \frac{B}{A\sqrt{4AC - B^2}} \times \left(\arctan\frac{2Av_0 + B}{\sqrt{4AC - B^2}} - \arctan\frac{2Av + B}{\sqrt{4AC - B^2}}\right)$$

(4-63)

情况 2：$v \leqslant -v_风 \cos\beta, B^2 - 4AC > 0$。

$$l = \frac{1}{2A}\ln\left|\frac{Av_0^2 + Bv_0 + C}{Av^2 + Bv + C}\right| + \frac{B}{A\sqrt{B^2 - 4AC}} \times \left(\text{arcth}\frac{\sqrt{B^2 - 4AC}}{2Av_0 + B} - \text{arcth}\frac{\sqrt{B^2 - 4AC}}{2Av + B}\right)$$

(4-64)

情况 3：$v > -v_风 \cos\beta, B^2 - 4AC < 0$。

$$l = \frac{1}{2A}\ln\left|\frac{Av_0^2 + Bv_0 + C}{Av^2 + Bv + C}\right| + \frac{B}{A\sqrt{4AC - B^2}} \times \left(\arctan\frac{-2Av_0 - B}{\sqrt{4AC - B^2}} - \arctan\frac{-2Av - B}{\sqrt{4AC - B^2}}\right)$$

(4-65)

情况 4：$v > -v_风 \cos\beta, B^2 - 4AC > 0$

$$l = \frac{1}{2A}\ln\left|\frac{Av_0^2 + Bv_0 + C}{Av^2 + Bv + C}\right| - \frac{B}{A\sqrt{B^2 - 4AC}} \times \left(\text{arcth}\frac{-2Av_0 - B}{\sqrt{B^2 - 4AC}} - \text{arcth}\frac{-2Av - B}{\sqrt{B^2 - 4AC}}\right)$$

(4-66)

式中：v_0——初速度，m/s；

v——走行距离为 l 时车辆的速度，m/s；

该模型通过精确的数学推导，将三部位减速器之后的车辆溜放过程具体分为四种情况进行讨论，得到了严格意义上的车辆走行距离与速度的关系式。当设 l 为股道空闲长度，v 为安全连挂速度时，通过求解方程，即可得到车辆的目的出口速度 v_0。

③既有出口定速模型的不足。

驼峰车辆溜放过程是一个受车辆自身因素与外界环境条件共同作用的复杂运动过程，即使是相同型号的车辆，也会因为使用程度不同受到的单位基本阻力不同，再加上环境风、温度等外界因素影响，溜放阻力的计算变得复杂且困难，因此对目的制动位之后的整个车辆溜放过程不能完全控制，这就使得通过既有模型计算得到的出口速度存在偏差，无法保证安全连挂率。总的来看，既有目的制动出口定速模型存在以下缺陷：

首先，模型中溜放阻力的确定存在偏差。上述既有出口定速模型[式(4-56)]仅考虑了空气阻力的对车辆溜行的影响，并未考虑环境风的存在，即模型建立的前提是环境风速为零。为此，设定了 9 个气象调节挡，在模型求解得到的出口速度基础上,根据现场气象条件对出口速度进行二次调节,但这也仅限于在人工调节经验的基础上,实践中也表明该方法打靶精度有限,安全连挂率无法保证。虽然后续研究对风阻力的影响进行了更加细致的考量,但在车辆走行距离与速度关系式中,常数 C 包含了单位基本阻力,显然是将单位基本阻力作为定值考虑的,而《铁路驼峰调车及调车场设计规范》(TB 10062—2018)更新了基本阻力的计算方法,因此需要对模型作出改进才能符合现行编组站驼峰目的调速控制的要求。

其次,模型没有随货运车型的变化调整相关参数。27t 轴重货车未来逐步投入使用,走行性能良好,具有更小的单位基本阻力,既有模型中的参数尚未随着调整。

最后,没有考虑前后车辆走行性能差异较大情况下的安全连挂问题。在多轴重货车混合应用场景下,溜放到同一股道的前后车辆可能走行性能差异较大,如前"难"后"中"、前"难"后"易"的情况。27t 轴重货车尺寸有所增加,尤其是棚车受到更大的风阻力,一些轻载货车本来就难以溜放到指定地点,加上既有出口定速模型中关于阻力值的确定存在较大误差,且随着铁路货车的发展,模型适用性变差,得到的出口速度误差较大,极易造成前车溜放不到位,产生调车天窗,后车制动不足,超速连挂。

(2)基于分段递推的驼峰溜放仿真建模。

动态连挂本质上是利用后方易行车或中行车推动前方轻载难行车向前继续溜放的过程。相比单个车组车辆根据股道空闲长度确定出口速度,动态连挂需要同时考虑前后车组的相对运动状态,且动态连挂对应的溜放距离不是固定的,前后车间隔距离随时间、速度变化而变化。将整个动态连挂过程在时间维度上分割为无数小段,将每一个时间段 Δt 内的车辆运动过程视为匀变速运动,设 v_n、v_{n+1} 为 Δt 初、末的溜放速度,L_n、L_{n+1} 为 Δt 初、末的位移,i 为坡度平均值,r_{sum} 为车辆受到的总阻力,可得到:

$$v_{n+1} = v_n + g' \times 10^{-3}(i - r_{sum}) \times \Delta t \qquad (4\text{-}67)$$

$$L_{n+1} = L_n + \frac{v_n + v_{n-1}}{2} \times \Delta t \qquad (4\text{-}68)$$

式中:g'——修正后的重力加速度,m/s^2。

由此得到车辆溜放运动的速度-时间-位移关系式,即传统定点连挂的溜放仿真模型。在此基础上还需结合动态连挂特性,将前后车作为整体进行分析,考虑前后车速度、位移需要满足的约束条件,建立完整的动态连挂模型。

车辆在离开三部位减速器出口后速度降低至安全连挂速度直至成功打靶之

间,不需要经过曲线以及道岔,由 4.2 节对溜放车辆的受力分析可知,车辆离开三部位减速器后在调车线内的运动过程仅受到重力、车辆基本阻力、风阻力的影响。当前行车为难行车,后行车为易行车或中行车时,由于前行车溜行速度小于后行车,且具有更小的单位总阻力,当两车间隔距离不大时,后行车必可以在调车线内某点追及前行车完成连挂。假设线路坡度为 $i‰$,后行车在三部位减速器的出口速度为 v_2^0,此时前行车的瞬时速度为 v_1^L,两车间隔距离为 L,在 T 时刻时,后行车追上前行车,在即将完成安全连挂前两车的瞬时速度为 v_2^T 和 v_1^T,当两车发生碰撞后合并为一个车组,此时车组的瞬时速度为 v 且车组沿 v 方向继续溜行,直至经过减速顶消耗完多余的动能为止。动态连挂过程如图 4-2 所示。

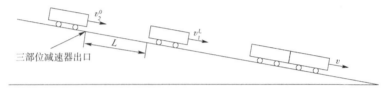

图 4-2 动态连挂过程

①仿真模型输入变量与输出变量。

既有出口定速模型以股道空闲长度(溜放距离)、连挂速度作为模型的输入变量,以风阻力、基本阻力作为模型的环境条件参数,以车辆或车组离开目的制动位出口时的速度作为模型的输出变量,控制整个溜放及连挂过程。

动态连挂下的分段递推溜放仿真模型同样需要考虑合适的输入变量。输入变量的选择应该保证能准确反映溜放及连挂过程的特点。改变这些控制变量的取值能够得到相应的受控车辆及车组的目的出口速度。

图 4-2 表明,要建立动态连挂目的出口定速模型,必须在掌握前后车的溜放运动规律的基础上考虑以下输入变量。

前后车总重 Q_1、$Q_2(t)$:车辆总重是判断车辆是否为难行车、易行车、中性车的根本依据,即车辆总重符合前"难"后"易"或前"难"后"中"时,才会使用动态连挂目的调速控制。

初始前后车间隔距离 $L(m)$:其实现目的调速控制最重要的一个参数即股道空闲长度,这是建立在定点连挂的基础上的。而动态连挂中,前行轻载车辆即便三部位减速器不制动,在不利条件下也难以溜放到指定停车位置,因此动态连挂需要保证在前行车停车之前,后行车能够追上前行车完成连挂,这样才能保证后行车以一个较高的出口速度,利用多余动能推动前行车向前继续溜放达到减少调车"天窗"

长度的目的。而在整个溜放过程中，前后车间隔随时间变化，因此取初始值，即后行车头部即将离开减速器出口时，前后车的间隔距离 L 作为仿真模型的重要控制变量，L 可通过调车场测长设备获得。

前后车间距 L 时前车速度 v_1^L（m/s）：由于动态连挂仿真模型的目标是控制后行车出口速度，使得完成连挂时前后车相对运动速度满足规定要求，因此前行轻载车辆溜放过程中每一时刻的速度值都需要运用溜放速度模型进行计算，而溜放过程中速度的起始值即为 v_1^L，可通过调车场测速设备获得。

前后车间距 L 时后行车的速度 v_2^0（m/s）：动态连挂溜放仿真模型并不能通过前后车间隔、前行车速度直接计算出后行车离开目的制动位出口的速度，必须先给定后行车的初始速度，才能通过减速器的制动作用对车辆速度进行调整。若以该初始速度进行溜放可以完成动态连挂，则减速器应处于缓解位，无须制动；若以该初始速度溜放，不符合连挂时的相对速度约束，则需要减速器进行制动，降低后行车的出口速度。

模型的输出变量为后行车尾部离开目的制动位出口时的速度 $v_2^{出}$（m/s），当溜放单位为单个车辆时，车辆头部和尾部离开减速器的速度可以近似看作相等，$v_2^{出}$ 由 v_2^0 经过调整计算得到。

②仿真模型约束条件。

动态连挂仿真模型的约束条件包含速度约束和位移约束。

设 T 时刻前后车完成动态连挂，连挂时前后车的溜放速度为 v_1^T、v_2^T，根据《铁路驼峰及调车场设计规范》（TB 10062—2018）要求，连挂时的相对运动速度差不能超过 5km/h，即 1.38m/s，则连挂速度约束为：

$$v_2^T - v_1^T \leq 1.38 \tag{4-69}$$

T 时刻完成动态连挂时，设前车溜放距离为 l_1^T，后车的溜放距离为 l_2^T，应满足式（4-70）的要求。

$$l_1^T + L = l_2^T \tag{4-70}$$

③仿真模型构建。

动态连挂仿真模型同样借鉴既有出口定速仿真模型的研究，运用微分的思想，将车辆在三部位减速器之后的运动过程在时间维度上分割为无数的微小区段 Δt，将每一个 Δt 时间内的车辆运动视为匀变速运动，以 Δt 为仿真时间步长向前推进计算。与既有出口定速模型不同的是，动态连挂仿真模型需要在向前推进计算的同时，判断是否满足连挂速度约束和溜放距离约束，具体建立模型如下：

设线路坡度为 $i‰$，初始前后车间隔距离为 L，此时前行车辆瞬时速度为 v_1^L，后

行车速度为 v_2^0，从此刻开始对前后车辆之后的运动过程进行分析，运用微分法计算经过第 k 个 Δt 时间结束时，两车的速度 v_1^k、v_2^k ($k=1,2,3,\cdots,n$)。第 k 个 Δt 时间段内，两车的位移分别为 Δl_1^k、Δl_2^k，第 k 个 Δt 时间段结束时两车的总位移分别为 l_1^k、l_2^k，设两车在经过 T 时间后连挂，则有：

在第 $k+1$ 个 Δt 时间段末，两车速度为：

$$v_1^{k+1} = v_1^k + g_1' \times 10^{-3} \times (i - w_0^1 - w_f^1)\Delta t \tag{4-71}$$

$$v_2^{k+1} = v_2^k + g_2' \times 10^{-3} \times (i - w_0^2 - w_f^2)\Delta t \tag{4-72}$$

如果车辆处于减速顶的区段，还需加上减速顶制动功，即：

$$v_1^{k+1} = v_1^k + g_1' \times 10^{-3} \times \left(i - w_0^1 - w_f^1 - q\frac{4E}{Q_1 \times 10^3}\right)\Delta t \tag{4-73}$$

$$v_2^{k+1} = v_2^k + g_2' \times 10^{-3} \times \left(i - w_0^2 - w_f^2 - q\frac{4E}{Q_2 \times 10^3}\right)\Delta t \tag{4-74}$$

第 $k+1$ 个 Δt 时间段内，两车位移为：

$$\Delta l_1^{k+1} = \frac{v_1^k + v_1^{k+1}}{2}\Delta t \tag{4-75}$$

$$\Delta l_2^{k+1} = \frac{v_2^k + v_2^{k+1}}{2}\Delta t \tag{4-76}$$

第 $k+1$ 个 Δt 时间结束时，两车总位移为：

$$l_1^{k+1} = \sum_{j=1}^{k+1}\Delta l_1^j \tag{4-77}$$

$$l_2^{k+1} = \sum_{j=1}^{k+1}\Delta l_2^j \tag{4-78}$$

在经过 T 时间完成连挂时，则：

$$l_2^n - l_1^n = L \tag{4-79}$$

$$T = n\Delta t \tag{4-80}$$

连挂时的相对速度约束为：

$$v_2^n - v_1^n \leq 1.38 \tag{4-81}$$

动态连挂的目标是在规定的连挂速度要求内，尽可能提高易行车或中行车在目的制动位的出口速度，使其与前方难行车完成动态连挂后，推动难行车继续向前溜行。受控车辆（后方易行车或难行车）即将离开目的制动位出口时的速度为 v_2^0，为避免与前行车辆超速连挂，同时尽可能保持一个较高的出口速度，目标函数如式(4-82)所示。

$$\max v_2^{出} = v_2^0 - \Delta v \tag{4-82}$$

式(4-71)~式(4-82)中:Q_1——前行车总重,t;

Q_2——后行车总重,t;

E——减速顶制动功,m/(t·轮次);

q——布顶密度,台/m;

w_0^1——前行车单位基本阻力,N/kN,按式(4-83)计算;

w_0^2——后行车(易行车)单位基本阻力(N/kN),按式(4-84)计算;

w_0^2——后行车(中行车)单位基本阻力(N/kN),按式(4-85)计算;

w_f^1——前行车单位风阻力(N/kN),按式(4-86)计算;

w_f^2——后行车单位风阻力(N/kN),按式(4-87)计算;

g'——修正后的重力加速度,按式(4-49)计算。

$$w_0^1 = 2.439 + (8 \times 10^{-5} Q_1 - 0.01743)t - 0.015 Q_1 + 1.7 \times 10^{-4} t^2 + 0.1 v_1^k + 1.65[0.602 - (0.0012 + 2 \times 10^{-5} Q_1)t - 0.003 Q_1 + 2 \times 10^{-5} t^2]$$
(4-83)

$$w_0^2 = 2.439 + (8 \times 10^{-5} Q_2 - 0.01743)t - 0.015 Q_2 + 1.7 \times 10^{-4} t^2 + 0.1 v_2^k - 1.65[0.602 - (0.0012 + 2 \times 10^{-5} Q_2)t - 0.003 Q_2 + 2 \times 10^{-5} t^2]$$
(4-84)

$$w_0^2 = 2.439 + (8 \times 10^{-5} Q_2 - 0.01743)t - 0.015 Q_2 + 1.7 \times 10^{-4} t^2 + 0.1 v_2^k$$
(4-85)

$$w_f^1 = \frac{0.063 \frac{C_{x1}^1}{C_{x0}^1} (S_1^1 \cos\beta + S_1^2 \sin\beta)}{Q_2 \cos\left[\arctan\left(\frac{v_f \sin\beta}{v_1^k + v_f \cos\beta}\right)\right]}$$
(4-86)

$$w_f^2 = \frac{0.063 \frac{C_{x1}^2}{C_{x0}^2} (S_2^1 \cos\beta + S_2^2 \sin\beta)}{Q_2 \cos\left[\arctan\left(\frac{v_f \sin\beta}{v_2^k + v_f \cos\beta}\right)\right]}$$
(4-87)

上述模型准确涵盖了动态连挂中前后车速度、位移、时间需要满足的条件,模型的求解算法应根据现实情况进行设计。例如,在调车线不同的区段,坡度值、减速顶情况不同,车辆运动的加速度也不同,需要进行分段计算。

在驼峰调车作业中,驼峰溜放也可以以车组为单位进行,车组长度由组成车组中车辆类型、车辆数量决定,车组在溜放过程中受力情况与单个车辆类似,同样可以使用单位阻力的计算方法计算其受力情况,此时仿真模型中的输入变量 Q_1、Q_2 应为前后车组均重。但在仿真模型中对车组溜放过程进行描述,需要将车组长度作为影响因素进行讨论。

既有模型中车组长度影响股道空闲长度的计算,因为当车组长度较长时,打靶距离为股道空闲长度减去车组长度。而动态连挂模型与既有模型不同,动态连挂的目标是解决前行轻载车辆溜放不到位的问题,并不存在指定的停车位置,只要在满足安全连挂要求范围内尽可能推进轻载车辆前行即可,因此无须考虑股道空闲长度和具体打靶距离。决定动态连挂目的出口速度的关键变量为初始车组间隔距离。当车组长度较长时,同单一车辆的溜放不同,车组头部和尾部离开减速器出口的速度不能视为相同值处理。如果设车组间距为尾部离开减速器出口时与前车组的间距,即便计算得到出口速度,也无法实现对车组的控制。因此仍设车组间隔距离 L 为受控车组头部离开三部位减速器时两车组的间隔距离,由此计算得到后行车组头部离开三部位减速器的出口速度 v_2^0。但在实际驼峰调速控制中,目的制动位往往对车组采用"放头拦尾"的制动策略,因此实际目的制动位的出口速度应为车组尾部离开减速器时的速度,这时仅需将车组经过减速器的整个过程视为自由溜行过程,即可得到车组尾部离开减速器出口时的速度。

设受控车组长度为 X,车组头部离开减速器时的速度为 v_2^0,尾部离开减速器时的速度为 $v_2^{出}$。根据前文所述,模型可计算出 v_2^0,为保证车组通过减速器前后的速度变化满足自由溜行的要求,车组尾部离开减速器时的速度可按微分法,以位移步长 Δl 向前推进计算,如式(4-88)所示。

$$v_2^n = \sqrt{(v_2^{n-1})^2 + 2g' \times 10^{-3}(i - w_0^2 - w_f^2)\Delta l} \qquad (4-88)$$

其中,Δl 取 1m 向前推进计算,当 $n = X/\Delta l$ 时,即得到车组尾部离开三部位减速器的出口速度 $v_2^{出}$。

由此可见,当车组长度不能忽略时,实现动态连挂目的出口定速控制的关键是求得车组间隔距离为 L 时受控车组头部离开减速器出口的速度 v_2^0,进而推算出车组尾部离开减速器的速度,即目的制动位的出口速度 $v_2^{出}$。

④模型求解算法设计。

模型的目标函数是受控车辆目的制动位出口速度 $v_2^{出}$ 最大化。从理论上讲,当前后车的运动规律已知后,存在某个时刻 T,使得该时刻后车追上前车完成连挂,且对应受控车组的初速度即出口速度最大。由于车辆溜行是非匀变速运动,很难

通过精确求解得到第一连挂点位置,因此,采用出口速度逐级递减的方法求解第一连挂点。其算法步骤如下:

步骤1:通过测量设备获取模型中输入变量取值$(v_1^L, v_2^0, L, Q_1, Q_2)$。

步骤2:令$k=1$,计算前后车第1个时间段Δt的末速度及溜行距离v_1^k、v_2^k,Δl_1^k、Δl_2^k。

步骤3:判断$l_2^k - l_1^k \geq L$是否成立。若成立,当$v_2^k - v_1^k \leq 1.38$时,转入步骤5;当$v_2^k - v_1^k > 1.38$时,转入步骤4。否则,令$k = k+1$,转到步骤2,计算下一个Δt时间段的数据。

步骤4:令$v_2^0 = v_2^0 - \Delta v$,转到步骤2重新计算。

步骤5:输出后行车组头部离开三部位减速器出口的速度v_2^0。

步骤6:计算后行车组尾部离开三部位减速器出口的速度$v_2^{出}$。

算法流程如图4-3所示。

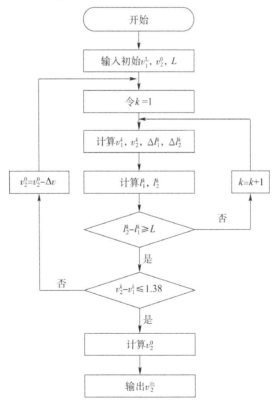

图4-3 算法流程

(3)基于模糊控制的驼峰目的制动出口定速模型。

①输入变量。

a. 前车组均重 Q_1。

根据车辆溜放力学分析以及溜放车辆影响因素分析可知,车辆在溜放过程中主要受车辆自身以及外界条件的影响。车辆自身因素中车重是决定基本阻力大小的关键因素,是判断车辆是否为难行车、中行车或易行车的基本条件。车组均重可以通过封顶平台的测重设备获得,因此选取车组平均质量(t)作为模型的输入变量,可以确定溜放车组的基本属性。

车组平均质量范围为$[25,50]$,将车组平均质量划分为五个模糊集合,分别为很小(VS)、小(S)、一般(M)、大(B)、很大(VB),隶属度函数采用高斯函数,五个模糊集合的中心值 c 分别为 25、30、35、40、45,宽度 σ 均为 5,对应隶属度函数如式(4-89)所示。

$$\left. \begin{array}{l} \mu_{VS}^{Q_1} = \begin{cases} 1 & (Q_1 \leqslant 30) \\ e^{-\left(\frac{Q_1-25}{5}\right)^2} & (Q_1 > 30) \end{cases} \\ \mu_S^{Q_1} = e^{-\left(\frac{Q_1-30}{5}\right)^2} \quad (25 \leqslant Q_1 \leqslant 50) \\ \mu_M^{Q_1} = e^{-\left(\frac{Q_1-35}{5}\right)^2} \quad (25 \leqslant Q_1 \leqslant 50) \\ \mu_B^{Q_1} = e^{-\left(\frac{Q_1-40}{5}\right)^2} \quad (25 \leqslant Q_1 \leqslant 50) \\ \mu_{VS}^{Q_1} = \begin{cases} e^{-\left(\frac{Q_1-45}{5}\right)^2} & (Q_1 \leqslant 45) \\ 1 & (Q_1 > 45) \end{cases} \end{array} \right\} \quad (4\text{-}89)$$

b. 受控车组(后车组)均重 Q_2。

后车组均重同样是确定是否为易行车或中行车以及单位基本阻力的关键参数,作为模糊神经网络的输入变量,车组平均质量(t)范围为$[70,100]$,将车组平均质量划分为五个模糊集合,分别为很小(VS)、小(S)、一般(M)、大(B)、很大(VB),隶属度函数采用高斯函数,五个模糊集合的中心值 c 分别为 75、80、85、90、95,宽度 σ 均为 5,对应隶属度函数如式(4-90)所示。

$$\left. \begin{array}{l} \mu_{VS}^{Q_2} = \begin{cases} 1 & (Q_2 \leqslant 75) \\ e^{-\left(\frac{Q_2-75}{5}\right)^2} & (Q_2 > 75) \end{cases} \\ \mu_S^{Q_2} = e^{-\left(\frac{Q_2-80}{5}\right)^2} \quad (70 \leqslant Q_2 \leqslant 100) \end{array} \right\} \quad (4\text{-}90)$$

$$\mu_M^{Q_2} = e^{-\left(\frac{Q_2-85}{5}\right)^2} \quad (70 \leqslant Q_2 \leqslant 100)$$

$$\mu_B^{Q_2} = e^{-\left(\frac{Q_2-90}{5}\right)^2} \quad (75 \leqslant Q_2 \leqslant 100)$$

$$\mu_{VS}^{Q_2} = \begin{cases} e^{-\left(\frac{Q_1-95}{5}\right)^2} & (Q_2 \leqslant 95) \\ 1 & (Q_2 > 95) \end{cases}$$

c. 受控车组与前行车组的距离 L。

对于动态连挂,需要解决的本质问题就是同一调车线前行车组溜放速度小于受控车组,即前"难"后"易"或前"难"后"中"的情况,通过模糊控制对受控车组的目的制动位出口速度进行合理控制,使其能够在前行车组未停车之前与其完成连挂。这就需要获取受控车组即将进入减速器时与前行车组的间隔距离。设受控车组在即将进入三部位减速器时,前行车组与受控车组之间的距离为 $L(m)$,范围为 $[20,100]$。将 L 划分为五个模糊集合,分别为很小(VS)、小(S)、一般(M)、大(B)、很大(VB),隶属度函数同样采用高斯函数,中心值分别为 20、40、60、80、100,宽度 σ 为 20,每个级别车组间隔的隶属度函数如式(4-91)所示。

$$\left.\begin{aligned}
\mu_{VS}^L &= \begin{cases} e^{-\left(\frac{L-20}{20}\right)^2} & (L \geqslant 25) \\ 1 & (L < 25) \end{cases} \\
\mu_S^L &= e^{-\left(\frac{L-40}{20}\right)^2} \quad (20 \leqslant L \leqslant 100) \\
\mu_M^L &= e^{-\left(\frac{L-60}{20}\right)^2} \quad (20 \leqslant L \leqslant 100) \\
\mu_B^L &= e^{-\left(\frac{L-80}{20}\right)^2} \quad (20 \leqslant L \leqslant 100) \\
\mu_{VB}^L &= \begin{cases} e^{-\left(\frac{L-100}{20}\right)^2} & (L \leqslant 90) \\ 1 & (L > 90) \end{cases}
\end{aligned}\right\} \quad (4\text{-}91)$$

d. 车组间隔为 L 时前行车组的瞬时速度 v_1^L。

目前,铁路编组站驼峰及调车场都具备雷达测速装置,可以对过峰车组溜放的整个过程实现动态速度监测。对于动态连挂,需要通过雷达测速设备获得前行车组某一时刻的瞬时速度,作为确定后方受控车组出口速度的控制依据。当前行车组与受控车组间隔距离为 L 时,前行车组的瞬时速度为 $v_1^L(km/h)$,范围为 $[0,5]$,划分为五个模糊集合[很小(VS)、小(S)、一般(M)、大(B)、很大(VB)],隶属度函数采用高斯型,中心值分别为 1、2、3、4、5,宽度 σ 均为 2,前行车组各等级瞬时速度隶属度函数如式(4-92)所示。

$$\mu_{VS}(v_1^L) = \begin{cases} 1 & (v_1^L < 1) \\ e^{-\left(\frac{v_1^L-1}{2}\right)^2} & (v_1^L \geq 1) \end{cases}$$

$$\left.\begin{aligned}\mu_S(v_1^L) &= e^{-\left(\frac{v_1^L-2}{2}\right)^2} \quad (1 \leq v_1^L \leq 5) \\ \mu_M(v_1^L) &= e^{-\left(\frac{v_1^L-3}{2}\right)^2} \quad (1 \leq v_1^L \leq 5) \\ \mu_B(v_1^L) &= e^{-\left(\frac{v_1^L-4}{2}\right)^2} \quad (1 \leq v_1^L \leq 5) \\ \mu_{VB}(v_1^L) &= \begin{cases} e^{-\left(\frac{v_1^L-5}{2}\right)^2} & (v_1^L \leq 4.5) \\ 1 & (v_1^L > 4.5) \end{cases}\end{aligned}\right\} \quad (4\text{-}92)$$

②输出变量。

输出变量为受控车组(后行车组)三部位减速器的出口速度 $v_2^{出}$。根据铁路编组站实际作业经验,结合铁路货车重载化的发展情况,三部位减速器的出口速度(km/h)宜控制在[1,7],将出口速度 $v_2^{出}$ 划分为五个模糊集合[很小(VS)、小(S)、一般(M)、大(B)、很大(VB)],隶属函数为高斯型,中心值分别为2、3、4、5、6,宽度均为2,各等级三部位减速器出口速度对应隶属度函数如式(4-93)所示。

$$\mu_{VS}(v_2^0) = \begin{cases} 1 & (v_1^L < 1.5) \\ e^{-\left(\frac{v_1^L-1.5}{2}\right)^2} & (v_1^L \geq 1.5) \end{cases}$$

$$\left.\begin{aligned}\mu_S(v_1^L) &= e^{-\left(\frac{v_1^L-2}{2}\right)^2} \quad (1 \leq v_1^L \leq 7) \\ \mu_M(v_1^L) &= e^{-\left(\frac{v_1^L-3}{2}\right)^2} \quad (1 \leq v_1^L \leq 7) \\ \mu_B(v_1^L) &= e^{-\left(\frac{v_1^L-4}{2}\right)^2} \quad (1 \leq v_1^L \leq 7) \\ \mu_{VB}(v_1^L) &= \begin{cases} e^{-\left(\frac{v_1^L-5}{2}\right)^2} & (v_1^L \leq 6) \\ 1 & (v_1^L > 6) \end{cases}\end{aligned}\right\} \quad (4\text{-}93)$$

③模糊规则。

模型输入量为前后车组均重 Q_1 和 Q_2,车组间隔 L,前行车组瞬时速度 v_1^L,每个输入变量均划分了五个模糊等级($i,j,k,p,q=1、2、3、4、5$),因此需要建立625条模糊控制规则,模糊神经网络的模糊规则表现形式为:若 $Q_1 = Q_1(i), Q_2 = Q_2(j), L = L(k), v_1^L = v_1^L(p)$;则 $v_2^{出} = v_2^{出}(q)$。

其中,$Q_1(i)$、$Q_2(j)$、$L(k)$、$v_1^L(p)$分别为输入变量Q_1、Q_2、L、v_1^L论域上的模糊集合,$v_2^{出}(q)$为输出变量$v_2^{出}$论域上的模糊集合。

④模糊神经网络模型结构。

模糊神经网络结构图如图4-4所示。

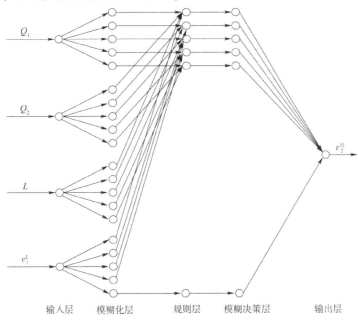

图4-4 模糊神经网络结构图

模型结构为四输入单输出,模型中各层含义如下:

第一层:输入层,节点个数为4,输入变量分别为Q_1、Q_2、L、v_1^L。

第二层:模糊化层,实现输入变量模糊化,该层节点数为20,输出为各个变量相对其论域上每个模糊集合的隶属度。

第三层:规则层,该层节点数为625,每个节点代表一条模糊规则,为各变量与其他变量的模糊语言进行合成后的模糊规则。

第四层:归一化层,节点数为625,对第三层的输出结果进行归一化。

第五层:输出层,实现输出变量清晰化,输出模型计算得到的目的出口速度。

⑤算法设计。

模型前向输出算法如下:

假设模糊神经网络的第q层有n个神经元,第j个神经元节点输入为$x_j^{(q)} = f^q(y_n^{q-1}, w_n^q)$,输出为$y_j^{(q)} = g^{(q)}(f^{(q)})$,其中:

$$x_j^{(q)} = f^{(q)} = \sum_{i=1}^{n_{q-1}} w_{ij}^{(q)} y_i^{(q-1)} \qquad (4\text{-}94)$$

$$y_j^{(q)} = g^{(q)} = \frac{1}{1+e^{-f^{(q)}}} \qquad (4\text{-}95)$$

第一层:输入层。将前后车组平均质量、受控车组与前行车组距离、前行车组瞬时速度作为输入值传递给下一层神经元,其输出表达式为:

$$y_j^{(1)} = g_j^{(1)} = x_j^{(1)} \qquad (4\text{-}96)$$

第二层:模糊化层。起模糊作用,该层输入为模糊分割集合,输出为每一个变量的隶属度,其表达式分别为:

$$x_{i,j}^{(2)} = f_{i,j}^{(2)} = \frac{-[x_i^{(1)} - c_{i,j}]^2}{\sigma_{i,j}^2} \qquad (4\text{-}97)$$

$$y_{i,j}^{(2)} = \mu_i^j = g_{i,j}^{(2)} = e^{-\frac{[x_i^{(1)} - c_{i,j}]^2}{\sigma_{i,j}^2}} \qquad (4\text{-}98)$$

式中:μ_i^j——变量 i 的第 j 个隶属度函数,$i=1、2、3、4$,$j=1、2、3、4、5$。

第三层:规则层。实现每一个模糊语言变量与其他模糊语言变量的"与"运算。根据最小值规则,该层的输入输出为:

$$y_j^{(3)} = x_j^{(3)} = \min\{x_{1,k}^{(2)}, x_{2,l}^{(2)}, x_{3,m}^{(2)}, x_{4,n}^{(2)}\} = \min\{\mu_1^k, \mu_2^l, \mu_3^m, \mu_4^n\}$$
$$(j=1,2,\cdots,625, k,l,m,n=1、2、3、4、5) \qquad (4\text{-}99)$$

第四层:归一化层。对第三层输出进行归一化操作,输入输出为:

$$y_j^{(4)} = x_j^{(4)} = \frac{y_j^{(3)}}{\sum_{i=1}^{625} y_i^{(3)}} \qquad (4\text{-}100)$$

第五层:输出层。实现清晰化,得到模糊控制系统输出量即目的制动位出口速度。设第四层与第五层连接权值为 w_i,该层输入输出为:

$$v_2^{出} = y^{(5)} = x^{(5)} = \sum_{i=1}^{625} w_i y_i^{(4)} \qquad (4\text{-}101)$$

模型学习算法如下:

定义出口速度误差为 $E = (v_2^{出} - v_2')^2/2$,$v_2^{出}$ 为模型输出的出口速度,v_2' 为期望的出口速度,学习的目标就是使出口速度误差 E 小于定义误差 ε_1。根据以上建模过程可知,模型中需要学习和调整的参数只有第四层和第五层连接的权值 w_i,隶属度函数的宽度 σ_{ij} 和中心值 c_{ij}。

神经网络常采用的优化方法为一阶梯度法,目的是计算误差函数 E 关于参数 w_i、σ_{ij}、c_{ij} 的一阶导数 $\partial E/\partial w_{ij}$、$\partial E/\partial \sigma_{ij}$、$\partial E/\partial c_{ij}$,然后运用梯度寻优算法调整 w_i、σ_{ij}、c_{ij} 的值。算法步骤如下:

$$\theta^{(5)} = -\frac{\partial E}{\partial f^{(5)}} = v_2^{\text{出}} - v_2' \qquad (4\text{-}102)$$

由式(4-102)可得：

$$\nabla(w_i) = \frac{\partial E}{\partial w_i} = \frac{\partial E}{\partial f^{(5)}} \frac{\partial f^{(5)}}{\partial w_i} = -\theta^{(5)} y_j^{(4)} = -(v_{3\text{出}} - v_3') y_j^{(4)} \qquad (4\text{-}103)$$

$$\theta_j^{(4)} = -\frac{\partial E}{\partial f_j^{(4)}} = -\frac{\partial E}{\partial f^{(5)}} \frac{\partial f^{(5)}}{\partial g_j^{(4)}} \frac{\partial g_j^{(4)}}{\partial f_j^{(4)}} = \theta^{(5)} w_j \qquad (4\text{-}104)$$

$$\theta_j^{(3)} = -\frac{\partial E}{\partial f_j^{(3)}} = -\frac{\partial E}{\partial f_j^{(4)}} \frac{\partial f_j^{(4)}}{\partial g_j^{(3)}} \frac{\partial g_j^{(3)}}{\partial f_j^{(3)}} = \theta_j^{(4)} \frac{\sum_{i=1}^{125} y_i^{(3)}}{[\sum_{i=1}^{125} y_i^{(3)}]^2} \qquad (4\text{-}105)$$

$$\theta_j^{(2)} = -\frac{\partial E}{\partial f_j^{(2)}} = -\sum_{k=1}^{625} \frac{\partial E}{\partial f_k^{(3)}} \frac{\partial f_k^{(3)}}{\partial g_{i,j}^{(2)}} \frac{\partial g_{i,j}^{(2)}}{\partial f_j^{(2)}} = \sum_{k=1}^{625} \theta_k^{(3)} S_{i,j} e^{-\frac{(x_i - c_{ij})^2}{\sigma_{ij}}} \qquad (4\text{-}106)$$

$f^{(3)}$ 为取小运算，则当 $g_{i,j} = u_i^j$ 是第 k 个规则节点输入的最小值时,有：

$$S_{i,j} = \frac{\partial f_k^{(3)}}{\partial g_{i,j}^{(2)}} = \frac{\partial f_k^{(3)}}{\partial u_i^j} = 1 \qquad (4\text{-}107)$$

否则：

$$S_{i,j} = \frac{\partial f_k^{(3)}}{\partial g_{i,j}^{(2)}} = \frac{\partial f_k^{(3)}}{\partial u_i^j} = 0 \qquad (4\text{-}108)$$

求得各参数的一阶梯度如下：

$$\nabla(c_{ij}) = \frac{\partial E}{\partial f_{i,j}^{(2)}} \frac{\partial f_k^{(2)}}{\partial c_{ij}} = -\theta_{i,j}^{(2)} \frac{2(x_i - c_{ij})}{\sigma_{ij}^2} \qquad (4\text{-}109)$$

$$\nabla(\sigma_{ij}) = \frac{\partial E}{\partial f_{i,j}^{(2)}} \frac{\partial f_{i,j}^{(2)}}{\partial \sigma_{ij}} = -\theta_{i,j}^{(2)} \frac{2(x_i - c_{ij})^2}{\sigma_{ij}^3} \qquad (4\text{-}110)$$

求得各参数的一阶梯度后,得到相应参数调整算法：

$$c_{ij}(n+1) - c_{ij}(n) = -\beta \nabla(c_{ij}) \qquad (4\text{-}111)$$
$$\sigma_{ij}(n+1) - \sigma_{ij}(n) = -\beta \nabla(\sigma_{ij}) \qquad (4\text{-}112)$$
$$w_i(n+1) - w_i(n) = -\beta \nabla(w_i) \qquad (4\text{-}113)$$

式中：β——学习率。

当样本数据学习完毕后,计算样本均方差 $\overline{E} = [\sum_n (v_2^{\text{出}} - v_2')/n]^{1/2}$。当 $\overline{E}$ 小于设定误差允许值 ε_2 时,样本学习完毕,保存神经网络参数;否则,重新学习。

模型学习算法流程如图4-5所示。

⑥案例分析。

目的制动位后的调车线按照坡度不同分为打靶区、连挂区。打靶区是指三部位减速器末端至连挂区始端,连挂区是从打靶区尾部至平坡头部的线路部分。本案例所采用的驼峰目的制动位后的各区段纵断面参数见表4-10。

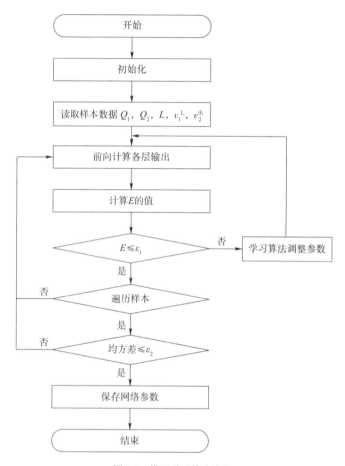

图 4-5 模型学习算法流程

调车线各坡段参数表 表 4-10

坡段	打靶区	连挂区			平坡
	1	2	3	4	5
坡度(‰)	0.8	2.6	2.0	0.7	0
长度(m)	100	250	250	100	100
布顶数量	0	70	80	35	0

仿真试验外界环境的温度及风向风速是影响车辆溜放运动的关键因素,案例

中环境条件设置为溜车不利条件(-10℃,逆向 4m/s 风速)。

溜放车辆是仿真试验的核心,动态连挂主要解决 27t 轴重与 23t 轴重货车混合应用下难行车溜放不到位,易行车容易超速连挂的问题,因此在仿真实验中将 23t 轴重与 27t 轴重车辆混合成组,在溜车不利和有利条件下分别测试前"难"后"易"、前"难"后"中"组合下的连挂情况。仿真试验中的车辆主要为棚车和敞车,车辆相关参数见表 4-11。

车辆相关参数表　　　　　　　表 4-11

车型	轴重(t)	自重(t)	载重(t)	车长(m)	正面面积(m^2)	侧面面积(m^2)
C_{80}	约 27	26	80	13.280	8.07	36.32
C_{70}	23.5	23.8	70	13.280	7.14	32.10
P_{80}	27	28	80	18.384	11.33	70.15
P_{70H}	23.7	24.6	70	16.374	10.88	62.42

驼峰溜放一般是以车组为单位,考虑动态连挂实际场景,案例设受控车组由一辆 C_{80} 与一辆 C_{70} 组成,前行车组由两辆 P_{80} 组成,前车组均重 Q_1 设置为 30~50t,车组间距 L 分别设置为 20~100m,前车组速度 v_1^L 设置为 0~5m/s;后车组均重 Q_2 设置为 70~100t。将前后车组视为一个动态连挂整体,通过设置不同的车组间隔,运用 Matlab 软件对动态连挂系统中的前后车组溜放及连挂过程进行仿真,测试不同车重组合下,基于动态连挂的受控车组目的出口速度。

表 4-12、表 4-13 为不利条件下,在初始间隔距离及前车组速度一定的情况下,受控车组(后行车组)目的制动位的出口速度。

不利条件下不同车组均重组合的目的出口速度($L=30m$)　　表 4-12

前车组均重 Q_1(t)	后车组均重 Q_2(t)	车组间距 L(m)	前车组速度 v_1^L(m/s)	后车组目的出口速度 $v_2^{出}$(m/s)
30	70	30	3.0	3.9
30	80	30	3.0	3.8
30	90	30	3.0	3.7
30	100	30	3.0	3.6
40	70	30	3.0	4.0
40	80	30	3.0	3.9
40	90	30	3.0	3.8

续上表

前车组均重 $Q_1(t)$	后车组均重 $Q_2(t)$	车组间距 $L(m)$	前车组速度 $v_1^L(m/s)$	后车组目的出口速度 $v_2^{出}(m/s)$
40	100	30	3.0	3.7
50	70	30	3.0	4.1
50	80	30	3.0	4.0
50	90	30	3.0	3.9
50	100	30	3.0	3.8

不利条件下不同车组均重组合的目的出口速度($L=50m$)　　　表4-13

前车组均重 $Q_1(t)$	后车组均重 $Q_2(t)$	车组间距 $L(m)$	前车组速度 $v_1^L(m/s)$	后车组目的出口速度 $v_2^{出}(m/s)$
30	70	50	2.5	3.1
30	80	50	2.5	3.0
30	90	50	2.5	2.8
30	100	50	2.5	2.7
40	70	50	2.5	3.3
40	90	50	2.5	3.0
40	100	50	2.5	2.9
50	70	50	2.5	3.4
50	80	50	2.5	3.3
50	90	50	2.5	3.2
50	100	50	2.5	3.1

表4-14、表4-15为不利条件下，当前后车组均重、前车组初始速度一定时，不同车组间隔距离下的受控车组（后行车组）目的出口速度。

不利条件不同车组间隔下的目的出口速度($Q_1=30t$)　　　表4-14

前车组均重 $Q_1(t)$	后车组均重 $Q_2(t)$	车组间距 $L(m)$	前车组速度 $v_1^L(m/s)$	后车组目的出口速度 $v_2^{出}(m/s)$
30	70	20	2	3.1
30	70	25	2	3

续上表

前车组均重 $Q_1(t)$	后车组均重 $Q_2(t)$	车组间距 $L(m)$	前车组速度 $v_1^L(m/s)$	后车组目的出口速度 $v_2^{出}(m/s)$
30	70	30	2	3
30	70	35	2	2.9
30	70	40	2	2.8
30	70	45	2	2.7
30	70	50	2	2.6
30	70	55	2	2.5
30	70	60	2	2.5

不利条件不同车组间隔下的目的出口速度（$Q_2=90t$） 表4-15

前车组均重 $Q_1(t)$	后车组均重 $Q_2(t)$	车组间距 $L(m)$	前车组速度 $v_1^L(m/s)$	后车组目的出口速度 $v_2^{出}(m/s)$
30	90	20	2	2.9
30	90	25	2	2.8
30	90	30	2	2.7
30	90	40	2	2.6
30	90	45	2	2.5
30	90	50	2	2.5
30	90	55	2	2.4
30	90	60	2	2.3

表4-16、表4-17为不利条件下，当前后车组均重、车组间隔距离一定时，不同前车组初始速度下的受控车组目的出口速度。

不利条件不同初始前车组速度下的目的出口速度（$Q_1=30t, Q_2=70t, L=40m$） 表4-16

前车组均重 $Q_1(t)$	后车组均重 $Q_2(t)$	车组间距 $L(m)$	前车组速度 $v_1^L(m/s)$	后车组目的出口速度 $v_2^{出}(m/s)$
30	70	40	2.0	2.8
30	70	40	2.1	2.9

续上表

前车组均重 $Q_1(\text{t})$	后车组均重 $Q_2(\text{t})$	车组间距 $L(\text{m})$	前车组速度 $v_1^L(\text{m/s})$	后车组目的出口速度 $v_2^{出}(\text{m/s})$
30	70	40	2.2	3.0
30	70	40	2.4	3.2
30	70	40	2.6	3.4
30	70	40	2.8	3.6
30	70	40	3.0	3.8
30	70	40	3.2	4.0
30	70	40	3.4	4.2

不利条件不同初始前车组速度下的目的出口速度($Q_1=30\text{t}, Q_2=90\text{t}, L=50\text{m}$)

表 4-17

前车组均重 $Q_1(\text{t})$	后车组均重 $Q_2(\text{t})$	车组间距 $L(\text{m})$	前车组速度 $v_1^L(\text{m/s})$	后车组目的出口速度 $v_2^{出}(\text{m/s})$
30	90	50	2.0	2.3
30	90	50	2.2	2.5
30	90	50	2.4	2.7
30	90	50	2.6	2.8
30	90	50	2.8	3.0
30	90	50	3.4	3.5
30	90	50	3.6	3.7

从溜放仿真试验数据可以看出,当前后车组间距 L、前车组瞬时速度 v_1^L 确定时,前后车组均重差距越大,受控车组目的制动位的出口速度越低。可见,基于动态连挂驼峰目的制动出口定速方法还可以有效避免前后车组走行性能差异较大情况下的超速连挂问题。

选取 150 组溜放仿真试验数据,其中 120 组作为训练样本,30 组作为测试样本,训练结果如图 4-6 和图 4-7 所示。

第 4 章 货运重载化下的驼峰调速控制优化研究

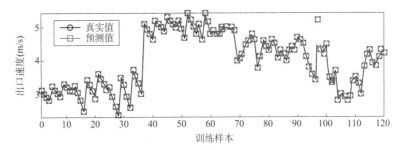

图 4-6 模糊神经网络训练效果

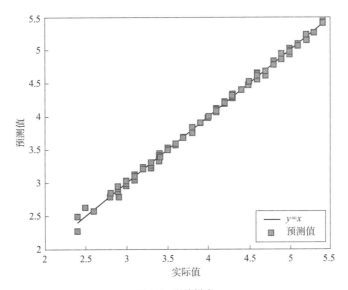

图 4-7 训练样本

训练样本均方根误差为 0.038,均相关系数为 0.99。
测试结果如图 4-8 和图 4-9 所示。

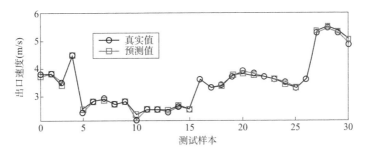

图 4-8 模糊神经网络测试效果

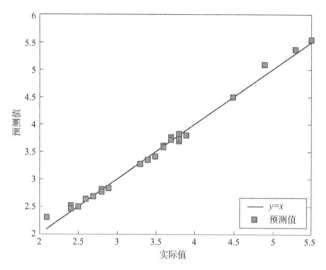

图 4-9　测试样本均方差及相关系数

测试样本均方根误差为 0.074,均相关系数为 0.98,样本平均误差百分比为 2%。测试结果表明,测试集数据与模糊神经网络给出的预测数据基本吻合,有较强的相关性,模糊神经网络模型可以给出符合实际的目的制动出口速度。

分别运用既有目的出口定速模型和动态连挂目的出口定速模型进行仿真试验。溜放部分调车线参数与 4.2 节案例相同,环境条件为冬季 -10℃,逆向风速 4m/s 的溜车不利条件,难行车为总重 30t 的 P_{80} 通用棚车,易行车为总重 95t 的 C_{80} 通用敞车,中行车为总重 70t 的 C_{80} 通用敞车,设置前"难"后"易"及前"难"后"中"情况,分别计算不同前后车间隔下的动态连挂模型和既有模型得到的受控车辆目的出口速度,结果如图 4-10、图 4-11 所示。

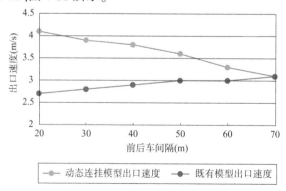

图 4-10　前"难"后"中"情况中行车出口速度

第4章 货运重载化下的驼峰调速控制优化研究

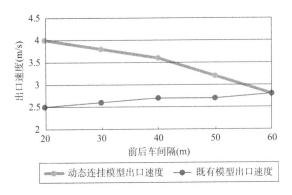

图 4-11 前"难"后"易"情况易行车出口速度

可以看出,与既有目的出口定速模型相比,动态连挂出口定速模型在前后车间隔较短的情况下,可以给予后方易行车或中行车更高的目的出口速度。随着初始前后车间距的增大,既有模型得到的出口速度呈增大趋势,动态连挂模型得到的出口速度呈降低趋势。当初始前后车间隔距离趋向某一定值时,两种模型得到的受控车目的出口速度也趋向同一速度值,这是因为,当前后车重 Q_1、Q_2 及后车驶入三部位减速器,前车速度 v_1^t 确定时,初始间距 L 越大,前车停车位置越远,既有模型根据前车停车位置得到的股道空闲长度越长,对应后方受控车的出口速度越大。因此随着初始车间距 L 的增大,受控车出口速度随之增大。而动态连挂模型在计算受控车出口速度时,并非建立在确定的股道空闲长度基础上,而是根据前后车溜放过程中不断变化的间隔距离(动测长)来调整受控车出口速度。当初始间距 L 达到某一临界值时,后行车若要在前行车停车之前完成连挂,则需要更高的出口速度,在相同时间内弥补两车位移差 L。但由于动态连挂本质是解决前"难"后"易"或前"难"后"中"情况下的安全连挂问题,前行车相比后行车在相同的溜放条件下具有更大的单位总阻力,因此在整个溜放过程中,前后车的速度差将随着时间推进而逐渐增大。若要满足动态连挂的速度约束(连挂时速度差不得大于 1.38m/s),就需要在一定程度上减小后行车的出口速度。整个动态连挂过程是在安全连挂要求下不断调整受控车出口速度尽可能使停车位置更远的动态过程,因此必然存在某一定值,使得当初始前后车间隔距离 L 超过该值时,在前车停车之前无法找到动态连挂点满足相对速度约束。这反映了动态连挂模型的本质是解决距离相近的两钩车连挂问题,也是动态连挂模型与既有模型计算出口速度最大的区别之处。图 4-12 和图 4-13 为不同初始前后车间隔下连挂后的最终停车位置。

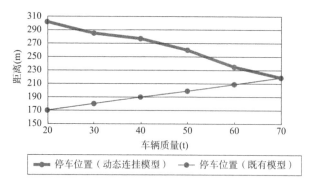

图 4-12 前"难"后"中"情况下停车位置

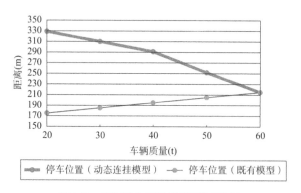

图 4-13 前"难"后"易"情况下停车位置

从动态连挂模型和既有模型计算得到的停车位置比较来看,在前后车初始间隔距离较小的情况下,动态连挂模型相比既有模型,可以使连挂后的车组停留在股道上更远的位置,优化效果显著。结果表明,动态连挂模型可以有效提高后方易行车或中行车的目的出口速度,借助其多余动能,推进连挂后的车组继续向前溜行,达到减少调车"天窗"的目标,一定程度上解决了轻载车辆溜放不到位的问题。

4.4 本章小结

27t 轴重通用货车的过峰问题是我国货运重载化发展趋势下亟须解决的难题之一。为此,本章首先分析了国内外调速控制的差异,并指出我国 21t、23t、27t 轴重通用货车混合应用下调速控制的复杂性问题;在此基础上,本章进行了车辆驼峰溜放受力分析,构建了大轴重货车驼峰头部溜放的调速控制模型,并给出了27t轴重货车驼峰溜放调速控制的解决方案;针对调车场调速控制问题,本章分别构建了27t轴重货车应用下调车场调速控制计算模型、基于动态连挂的模糊控制优化模型,并通过案例分析,验证了模型的有效性。

本章参考文献

[1] 张红亮,李荣华,刘博.27t轴重通用货车对驼峰设计及作业控制的影响与对策[J].铁道货运,2016,34(11):24-27.
[2] 黄孝章.编组站计算机辅助设计理论研究及系统实现[D].北京:北方交通大学,1998.
[3] 张春民.自动化驼峰纵断面优化设计研究[D].兰州:兰州交通大学,2011.
[4] 张红亮,杨浩,夏胜利,等.重载货车应用下调车场连挂区纵断面设计优化方法研究[J].铁道学报,2016,38(10):14-19.
[5] 杜旭升.滚动轴承车辆溜放阻力的测试及研究(1)[J].减速顶与调速技术,2003(2):11-18,29.
[6] 杜旭升,高树允.滚动轴承车辆溜放阻力的测试及研究(2)[J].减速顶与调速技术,2003(3):1-5,26.
[7] 杜旭升,高树允.滚动轴承车辆溜放阻力的测试及研究(3)[J].减速顶与调速技术,2003(4):1-9.
[8] 佟达.编组站驼峰调车场内车辆溜放及连挂过程仿真研究[D].北京:中国铁道科学研究院,2016.
[9] 邱星.基于自动提钩的驼峰溜放部分纵断面设计与间隔调速控制研究[D].北京:北京交通大学,2022.
[10] 张红亮,杨浩,赵鹏,等.驼峰间隔制动减速器对大轴重通用货车的制动适应性研究[J].铁道学报,2013,35(10):33-37.
[11] 张超,李海鹰,刘彦邦.点连式驼峰峰高设计中风阻力计算公式及车辆溜放速度的选择[J].北方交通大学学报,1995(S1):81-83.
[12] 向劲松,李金海.铁路货车溜放风阻力探讨[J].西南交通大学学报,1990(1):119-125.
[13] 萧龙翔,贾启芬,邓惠和.理论力学[M].天津:天津大学出版社,1995.
[14] 张红亮,夏胜利,段乐毅.27t轴重通用货车应用下调车场连挂区调速控制研究[J].铁道学报,2020,42(4):1-6.

[15] 中国铁道学会减速顶调速系统委员会.中国铁路减速顶与调速技术[M].北京:中国铁道出版社,2012.

[16] 丁昆.车辆溜放运动中风阻力影响研究[J].铁道学报,2012(2):63-69.

[17] 李威伦.基于动态连挂的驼峰目的制动出口定速研究[D].北京:北京交通大学,2022.

第5章 结语

编组站是铁路货物列车的"加工厂",是办理货物列车解体、编组的场所,驼峰是实现解体、编组作业的设备。虽然近年来国内外铁路编组站布局进一步集中,总体数量逐渐减少,但编组站仍然是铁路货物运输的重要中转环节,驼峰仍然是办理列车解体、编组的重要设备。对标国际重载铁路运输标准,我国普速铁路货车轴重是短板,在其重载化发展中,提高货车轴重是关键。为此,我国近年来一直在研究27t轴重通用货车在既有线上的应用问题。本书针对我国普速铁路重载化、货车重载化发展趋势下,27t轴重通用货车与既有货车混合应用后的编组站驼峰纵断面设计与调速控制问题开展了系统研究,主要包括驼峰设计参数、驼峰纵断面设计及调速控制等。

在驼峰设计参数方面,考虑到不同地区驼峰所面对的车流特性差异巨大,采用统一设计车型会出现驼峰设计与车流不适配的问题,本书提出了基于概率水平的驼峰难行车选型方法,以期使驼峰设计车型选择更具针对性。针对驼峰设计气象数据采用月均数据精度不足并导致峰高设计偏低的问题,本书从置信概率的角度分析了全路主要编组站不同数据精度下驼峰设计计算温度、风速,提出采用驼峰设计气象资料日均数据及设计规范修改建议。针对27t轴重通用货车驼峰溜放风阻力系数问题,本书研究了铁路货车车体尺寸变化及装载状态对驼峰溜放风阻力系数的影响。本书基于空气动力学,建立了27t轴货车Fluent仿真模型,计算出不同车型不同α角度下风阻力系数,并拟合出不同车型的风阻力系数计算函数,研究解决了驼峰设计及调速控制中长期存在的铁路货车风阻力系数标定不全及轻载车辆风阻力值偏小的问题。

在驼峰纵断面设计方面,本书分析了货车重载化下驼峰峰高、纵断面优化的内涵以及既有研究工作的不足,在此基础上开展驼峰纵断面设计优化研究。对于驼峰头部溜放部分,本书构建了多目标优化模型,给出了模型的求解算法,以大、中、小能力驼峰为案例,运用多目标优化模型对驼峰纵断面进行了优化设计,提出大、中、小能力驼峰纵断面坡度及坡长的推荐方案;针对自动提钩技术应用后的驼峰纵断面设计问题,构建了自动提钩技术应用下的驼峰溜放部分纵断面设计优化模型,设计了基于NSGA-Ⅱ的进化求解算法,以36股道大能力驼峰为例验证了模型算法的有效性。对于调车场连挂区,从中行车不利溜放条件下的最远溜放距离和难行车有利条件下的最远溜放距离两个角度建立了调车场纵断面设计的多目标优化模型,构建出不同纵断面设计优化方案,计算结果表明,连挂区纵断面设计应尽可能采用"先陡后缓"的多坡段设计方案。

在驼峰调速控制方面,由于27t轴重通用货车的过峰问题是我国货运重载化发展趋势下亟须解决的难题之一,本书分析了国内外调速控制的差异,以及我国21t、23t、27t轴重货车混合应用所导致的调速控制复杂性问题;在此基础上,进行了车辆驼峰溜放受力分析,构建了大轴重货车驼峰头部溜放的调速控制模型,并给出了27t轴重货车驼峰溜放调速控制的解决方案;针对调车场调速控制问题,以27t轴重通用货车调速控制需求、难行车不利条件最短溜放距离等条件为约束,构建了27t轴重通用货车与既有货车混合应用下调车场连挂区调速控制计算模型,并根据驼峰调车作业现场工作人员凭借经验熟练控制的原理,结合模糊控制与神经网络,建立了基于动态连挂的模糊神经网络目的出口速度控制模型,通过案例分析,验证了模型的有效性。

随着未来我国铁路编组站作业向少人化、无人化方向的发展,编组站驼峰的智能化水平也将越来越高,而多种轴重货车混合应用、不同新旧货车状态、不同种类货车混合应用等复杂条件,也将对驼峰设计与调速控制等将提出更高、更精细的要求,希望本书的研究成果能够为编组站驼峰智能化研究提供参考和借鉴。

附图

曲线表

曲线编号	曲线转角	R(m)	T(s)	L(m)	曲线编号	曲线转角	R(m)	T(s)	L(m)	曲线编号	曲线转角	R(m)	T(s)	L(m)
JD1，JD2	0°26'8"	1000	3.801	7.602	JD46	20°25'3"	200	36.017	71.271	JD28，JD36	1°0'0"	500	4.363	8.727
JD3，JD4	5°10'0"	250	11.28	22.544	JD20	18°12'48"	200	30.452	63.576	JD29，JD37	1°13'52"	500	5.372	10.743
JD5，JD6	5°0'0"	200	8.732	17.453	JD45	17°1'44"	200	30.418	60.373	JD30，JD35	5°43'52"	200	10.011	20.005
JD7，JD10	2°0'0"	200	3.491	6.981	JD21	19°21'37"	200	34.115	67.58	JD31，JD34	3°43'52"	400	13.029	26.048
JD8，JD9	2°0'0"	200	3.491	6.981	JD44	19°21'36"	200	34.115	67.579	JD32，JD33	8°27'44"	400	29.593	59.077
JD11	1°45'0"	200	3.055	6.109	JD22，JD43	9°53'52"	200	17.318	34.55	JD47	9°0'0"	200	15.74	31.416
JD18	0°50'0"	300	2.182	4.363	JD23，JD42	9°53'52"	300	25.977	51.825	JD48	8°30'0"	200	14.863	29.671
JD12，JD17	1°50'0"	200	3.200	6.4	JD24，JD40	5°0'0"	250	10.915	21.817	JD49	9°0'0"	350	27.546	54.978
JD13，JD16	2°0'0"	200	3.491	6.981	JD25，JD41	5°26'8"	300	14.241	28.46	JD50	15°46'33"	200	27.709	55.068
JD14，JD15	2°0'0"	200	3.491	6.981	JD26，JD39	14°27'44"	250	31.72	63.103	JD51	8°30'0"	400	29.725	59.341
JD19	21°19'59"	180	33.902	67.019	JD27，JD38	9°43'52"	250	21.281	42.46	JD52	15°16'33"	200	26.82	53.323

附图1 大能力驼峰平面设计图

183

曲线表

曲线编号	曲线转角	R(m)	T(s)	L(m)	曲线编号	曲线转角	R(m)	T(s)	L(m)	曲线编号	曲线转角	R(m)	T(s)	L(m)
JD1、JD2	0°2′68″	1000	3.801	7.602	JD46	20°25′3″	200	36.017	71.271	JD28、JD36	1°0′0″	500	4.363	8.727
JD3、JD4	5°10′0″	250	11.28	22.544	JD20	18°12′48″	200	30.452	63.576	JD29、JD37	1°13′52″	500	5.372	10.743
JD5、JD6	5°0′0″	200	8.732	17.453	JD45	17°1′744″	200	30.418	60.373	JD30、JD35	5°43′52″	200	10.011	20.005
JD7、JD10	2°0′0″	200	3.491	6.981	JD21	19°21′36″	200	34.115	67.58	JD31、JD34	3°43′52″	400	13.029	26.048
JD8、JD9	2°0′0″	200	3.491	6.981	JD44	19°21′36″	200	34.115	67.579	JD32、JD33	8°27′44″	400	29.593	59.077
JD11	1°45′0″	200	3.055	6.109	JD22、JD43	9°53′52″	200	17.318	34.55	JD47	9°0′0″	200	15.74	31.416
JD18	0°5′0″	300	2.182	4.363	JD23、JD42	9°53′52″	300	25.977	51.825	JD48	8°30′0″	200	14.863	29.671
JD12、JD17	1°5′0″	200	3.200	6.4	JD24、JD40	5°0′0″	250	10.915	21.817	JD49	9°0′0″	350	27.546	54.978
JD13、JD16	2°0′0″	200	3.491	6.981	JD25、JD41	5°2′68″	300	14.241	28.46	JD50	15°46′33″	200	27.709	55.068
JD14、JD15	2°0′0″	200	3.491	6.981	JD26、JD39	14°27′44″	250	31.72	63.103	JD51	8°30′0″	400	29.725	59.341
JD19	21°19′59″	180	33.902	67.019	JD27、JD38	9°43′52″	250	21.281	42.46	JD52	15°16′33″	200	26.82	53.323

附图2　中能力驼峰平面设计图

附图

曲线表

曲线编号	曲线转角	R(m)	T(s)	L(m)	曲线编号	曲线转角	R(m)	T(s)	L(m)	曲线编号	曲线转角	R(m)	T(s)	L(m)
JD1、JD2	6°0'0"	200	10.482	20.944	JD10、JD22	5°0'0"	200	8.732	17.453	JD16、JD17	7°17'44"	200	12.75	25.466
JD3、JD6	1°30'0"	200	2.618	5.236	JD11、JD23	9°30'0"	200	16.619	33.161	JD27	8°10'0"	200	14.278	28.507
JD4、JD5	3°5'0"	200	6.693	13.381	JD12、JD21	11°37'44"	280	28.513	56.829	JD28	8°30'0"	400	29.725	59.341
JD7、JD26	23°25'28"	180	37.316	73.59	JD13、JD19	1°5'0"	300	4.8	9.599	JD29	21°10'50"	300	56.091	110.901
JD8、JD25	13°57'44"	200	24.49	48.737	JD14、JD20	4°0'0"	300	10.476	20.944					
JD9、JD24	13°57'44"	230	28.163	56.048	JD15、JD18	2°10'0"	500	9.455	18.908					

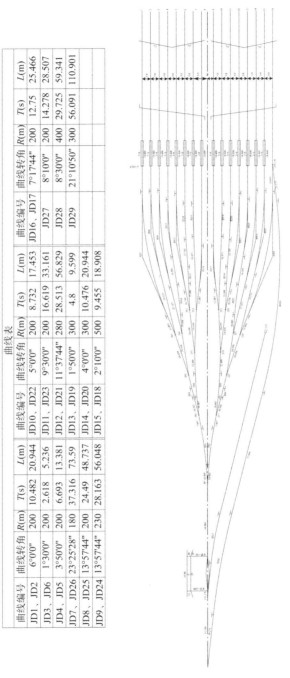

附图3 小能力驼峰平面设计图